# NOTICE BIOGRAPHIQUE

SUR

# Mgr MAURICE D'AUSSAC DE St-PALAIS

ÉVÊQUE DE VINCENNES

**dans l'Indiana (États-Unis d'Amérique)**

PAR

**l'abbé AZAÏS**

chanoine honoraire, aumônier honoraire du Lycée de Nimes, vicaire-général honoraire de Monseigneur de Saint-Palais

NIMES
IMPRIMERIE ÉDOUARD BALDY
10, boulevard des Calquières, 10

1880

# NOTICE BIOGRAPHIQUE

SUR

# Mgr MAURICE D'AUSSAC DE St-PALAIS



## ÉVÊQUE DE VINCENNES

**dans l'Indiana (États-Unis d'Amérique)**

PAR

**l'abbé AZAÏS**

chanoine honoraire, ancien vicaire-général de Vincennes

NIMES
IMPRIMERIE ÉDOUARD BALDY
10, boulevard des Calquières, 10

1880

# NOTICE BIOGRAPHIQUE

SUR

# MONSEIGNEUR MAURICE D'AUSSAC DE SAINT-PALAIS

Évêque de Vincennes (États-Unis d'Amérique)

## AVANT-PROPOS

La vie de Mgr de Saint-Palais, que je vais raconter dans cette notice, a eu peu d'éclat devant les hommes : elle s'est écoulée obscurément sur une terre étrangère, loin du regard des parents et des amis. Mais si ce modeste prélat n'a laissé aucune trace dans l'histoire, il laisse une empreinte profonde au cœur de ceux qui l'ont connu et aimé, et c'est le cœur d'un compatriote et d'un ami qui évoque cette chère mémoire et essaie de la faire revivre dans ces pages qu'il lui consacre.

En écrivant cette notice, je sens se réveiller en moi les souvenirs déjà si lointains de mon passé, ces réunions, ces causeries, ces projets du jeune âge, dont l'abbé de Saint-Palais était l'âme. A côté de cette chère figure sur laquelle se concentre tout l'intérêt de cette biographie, je place celle des autres compatriotes que l'ordination sacerdotale avait faits nos frères et qui ne sont déjà plus. J'y place surtout, avec un sentiment de piété filiale, la figure attachante de ce pasteur au cœur si bon, qui nous aimait tous comme un père, et qui l'était doublement pour celui qui écrit ces lignes, par les liens du cœur et aussi par les liens du sang. Le presbytère, où nous aimions à nous réunir comme les membres d'une même famille, était pour nous une seconde maison paternelle, et, sous le regard bienveillant de ce bien-aimé doyen, qui n'avait pour tous que des paroles affectueuses, nous nous sentions tous frères.

Que de souvenirs touchants qui viennent encore se presser sous ma plume! C'est le souvenir de nos chères montagnes où les mœurs étaient simples et la foi si profonde ; le souvenir de La Salvetat, de son église et de ses fêtes religieuses, alors que, jeunes lévites, rangés dans le sanctuaire, nous mêlions notre voix au chant des saints cantiques et nous assistions le prêtre à l'autel, aux jours de grandes solennités. Doux souvenirs, déjà si loin de nous et qui, cependant, remuent encore notre âme!

Qu'il me soit permis d'ajouter à ce récit quelques-uns des souvenirs intimes de ma vie, si étroitement unie, malgré les distances, à celle de ce généreux ami. Les relations affectueuses, les lettres échangées entre nous ont, en quelque sorte, mêlé nos deux existences. Quand l'évêque missionnaire visitait la France, il visitait aussi l'ami de sa jeunesse, et cet ami l'accompagnait, à son tour, dans ses courses, le suivait avec joie jusqu'à Rome, se constituait son secrétaire ; et l'indulgente amitié du bon évêque daignait conférer au simple secrétaire un titre d'honneur, celui de grand-vicaire, qui attestait, à défaut de mérite dans celui qui le recevait, la bienveillante affection du prélat.

On voudra bien pardonner à l'auteur ces souvenirs intimes et personnels qu'il a mêlés à ce récit. Sa plume a trop docilement obéi aux penchants de son cœur, et elle a fait à l'amitié une part qu'on peut trouver trop large. Mais si ces pages semblent porter l'empreinte d'une personnalité trop accusée, elles présentent, comme un puissant attrait, — et c'est là le but qu'on s'est proposé en les écrivant — un sujet de pieuse édification, et le lecteur — je l'espère — ne pourra pas lire les actes d'abnégation et de dévouement qui remplissent la vie de cet évêque missionnaire, sans ressentir une impression salutaire au fond de son âme.

C'est toujours un spectacle touchant de voir un jeune homme, non moins distingué par ses talents que par sa naissance, à qui l'avenir sourit, dire tout-à-coup adieu à sa famille et à sa patrie pour se consacrer à l'obscur et périlleux ministère des missions étrangères et aller répandre, dans des régions lointaines, les lumières de l'Evangile. La pauvreté devient sa compagne ; de grandes fatigues l'attendent; l'isolement sur une terre étrangère, des privations de tout genre, une humble église en bois, un étroit réduit pour lui, une population pauvre et disséminée sur une vaste étendue de pays, qu'il faut visiter péniblement, telle était la vie du missionnaire dans l'Indiana, à l'époque où l'abbé de Saint-Palais y arriva. S'il n'avait pas à craindre la cangue et la prison comme en Chine, ni la flèche empoisonnée du sauvage comme dans les îles de l'Océanie, il avait à subir ce martyre de tous les jours qui consiste dans une complète abnégation de soi, dans l'oubli de tout ce qui tient à la nature, dans une immolation généreuse pour gagner des âmes à Dieu.

Mgr de Saint-Palais touche au berceau de l'Eglise de Vincennes : il vit ses humbles commencements, il a contribué à la faire grandir ; il lui a donné quarante ans d'un infatigable apostolat et il a été son quatrième évêque, après avoir été un de ses premiers prêtres. Or, un si long et si laborieux ministère n'est pas sans gloire devant Dieu, ni sans enseignement pour des lecteurs chrétiens.

Pour raconter cette vie, nous avons interrogé quelques prêtres du diocèse de Vincennes qui ont été les collaborateurs de Mgr de Saint-Palais, nous avons parcouru le recueil si intéressant des *Annales de la Propagation de la Foi*, nous avons fait appel à tous nos souvenirs, et nous avouons que c'est le cœur qui a fourni une part de ce récit. C'est une œuvre d'ami que nous avons cherché à accomplir, et c'est là l'excuse que nous invoquons pour que le lecteur indulgent nous pardonne les imperfections que présente cette étude.

## CHAPITRE PREMIER

### Son enfance. — Sa vie au séminaire de Saint-Sulpice.

Nous lisons dans les registres de catholicité de la paroisse de La Salvetat, diocèse de Montpellier :

L'an 1811 et le 16 novembre a été baptisé, dans l'église de La Salvetat, Jacques-Marie-Maurice Landes d'Aussac de Saint-Palais, fils légitime de M. Joseph Landes d'Aussac de Saint-Palais, propriétaire, et de dame Marie-Louise-Angélique de Raynaud des Pradels, domiciliés à La Salvetat. Le parrain a été M. Edouard Landes d'Aussac de Saint-Palais, son frère, et la marraine, dame Marie-Rose Landes d'Aussac, épouse de Saint-André, sa tante.

Or, ce nouveau-né devait être un jour le quatrième évêque du siège de Vincennes en Amérique. Le sacrement du baptême lui fut conféré le lendemain de sa naissance, par son parent, le vénérable abbé de Raynaud, qui a laissé une mémoire bénie dans la paroisse de La Salvetat. L'état du petit enfant inspirait des inquiétudes et on craignait pour sa vie. « Ne craignez rien, dit le pieux ecclésiastique qui venait de le baptiser, l'enfant vivra et il sera un jour l'honneur de la maison. » La prédiction faite sur ce berceau devait plus tard se réaliser, et le jeune Maurice devait être l'honneur et la gloire, non seulement de sa famille, mais encore du pays qui lui avait donné le jour.

Il était le sixième enfant d'une famille nombreuse, comme le sont celles de nos montagnes, composée de cinq fils et de trois filles. Le père était un gentilhomme profondément chrétien, originaire du village d'Aussac, dans l'Albigeois, dont la seigneurie avait appartenu à ses ancêtres jusqu'à l'époque de la révolution, et qui avait connu les dures épreuves de l'émigration. La mère était issue de la famille de Raynaud des Pradels, une des plus anciennes de La Salvetat, qui avait donné à l'Eglise des prêtres et des religieuses, et à la patrie de vaillants capitaines qui avaient versé leur sang sur plusieurs champs de bataille. C'était une femme qui, dans un corps frêle portait une âme forte, qui était animée d'une piété solide et qui s'attacha à élever ses enfants dans la crainte de Dieu et dans l'amour de la vertu.

Le jeune Maurice respira de bonne heure, sur les genoux et dans les bras de cette mère chrétienne, je ne sais quoi de ferme, de sensé et de résolu, qui demeure un des traits saillants de sa physionomie. Il reçut en même temps de son père cette simplicité et ce fonds de bonhomie aimable qui donnaient tant de charme à sa personne.

La santé délicate de la mère ne lui permit pas de nourrir son nouveau-né, et elle se vit obligée de le confier à des mains étrangères. Elle choisit une honnête et vigoureuse paysanne, qui donna à son nourisson un lait pur et généreux. Cette vie au grand air, au milieu des champs, ce régime sain et fortifiant modifièrent le tempérament du jeune enfant et lui communiquèrent la vigueur et l'énergie de la santé la plus robuste. Le jeune Maurice garda fidèlement le souvenir de sa chère nourrice, et, dans un âge avancé, il aimait à rappeler les tendres soins dont il avait été l'objet.

En rentrant sous le toit paternel, il rencontra l'affection et le dévouement de celle qui lui avait donné le jour. On sait qu'il y a dans la pieuse sollicitude d'une mère, dans ce regard qui s'est attaché le premier sur notre berceau, dans ces lèvres qui ont murmuré à nos oreilles les noms bénis du Sauveur Jésus et de son auguste Mère, une vertu mystérieuse qui s'insinue doucement dans l'âme et qui l'ouvre peu à peu à l'amour de ce qui est bon, pur et honnête. Or, le jeune Maurice subit, dès son bel âge, cette influence vivifiante, et il reçut de ce premier enseignement une impression profonde qui fut comme le germe de sa vocation.

Il trouva auprès de sa mère des tantes bonnes et dévouées, les demoiselles des Pradels, qui furent pour lui de secondes mères et qui ne cessèrent de lui témoigner le plus vif intérêt. Il était dans un foyer vraiment chrétien, où ses regards ne rencontraient que des exemples de religion, de droiture et d'honneur. La foi de ses parents entrait ainsi dans son âme et y jetait de bonne heure ces premières lueurs qui devaient plus tard illuminer toute sa vie.

Le jeune adolescent se destinait d'abord à la carrière des armes, où semblait l'attirer l'exemple d'un de ses frères, officier plein d'avenir, et ses parents l'avaient placé dans un établissement universitaire. Il ne tarda pas à se faire remarquer par la pénétration de son esprit et l'humeur joviale de son caractère. Il eut bientôt gagné les sympathies de tous ses condisciples, par ses manières franches et ouvertes, par ces récits pleins d'entrain et surtout par le talent et la verve avec lesquels il chantait les refrains en langue vulgaire des paysans de nos montagnes. On faisait cercle autour de lui ; on applaudissait à ses chants patois, lorsque tout-à-coup, à l'heure de la récréation, on le chercha vainement dans la cour. On apprit avec regret qu'il venait de quitter le collège.

Que s'était-il passé? Le jeune adolescent, malgré sa gaîté, s'était trouvé mal à l'aise dans ce milieu : il avait entendu autour de lui des propos contre la religion et les mœurs qui l'avaient blessé, et, sous cette impression, il avait écrit à son père de ne pas le laisser plus longtemps dans cet établissement. Il ajoutait qu'il voulait être prêtre, et il demandait avec de vives instances à achever ses études dans un petit séminaire.

Son père, après avoir reconnu la fermeté de cette détermination, résolut de le confier à un établissement religieux de la capitale, et il le fit entrer au petit séminaire de Saint-Nicolas du Chardonnet, à Paris. Cette maison diocésaine était dirigée par un savant ecclésiastique, M. l'abbé Frère, auteur d'un ouvrage estimé de philosophie chrétienne. Maurice de Saint-Palais y acheva avec succès ses études classiques et y laissa le souvenir d'un élève aussi intelligent que pieux. Les espiègleries des premières années avaient fait place à une sage réserve et à une solide piété.

Fidèle à sa première vocation, il entra au séminaire de Saint-Sulpice, et, après avoir achevé sa philosophie, il se livra avec ardeur à l'étude de la théologie. La révolution de Juillet le surprit dans cet établissement, et comme elle se montrait hostile au clergé et qu'elle signalait tristement ses débuts par le pillage et le sac de l'archevêché, le séminaire fut licencié, et les élèves étrangers durent quitter la capitale et regagner leur province, sous le déguisement d'un costume laïque. L'abbé de Saint-Palais prit un costume d'ouvrier, et c'est sous ce vêtement d'emprunt qu'il se présenta devant sa sœur, qui était fille de la Charité à l'hôpital d'Angers. La bonne religieuse eut peine à reconnaître son frère, qui riait de son embarras, et elle ne put retenir ses larmes en le voyant ainsi travesti en ouvrier.

Après une courte halte auprès de sa sœur, il vint passer ses vacances au sein de sa famille. Je me souviens encore combien il nous intéressa en nous racontant les épisodes de son voyage et les divers expédients auxquels il dut avoir recours pour ne pas laisser soupçonner, dans les villes qu'il avait à traverser, que ce voyageur, au costume étrange, n'était qu'un séminariste déguisé et échappé de Paris.

La révolution qui venait d'éclater, loin de le décourager, ne fit que l'affermir dans sa résolution d'être prêtre, et, les vacances terminées, il reprit, sans hésitation, le chemin de la capitale et rentra au séminaire de Saint-Sulpice. Il continua ses études avec une nouvelle ardeur et il se lia avec plusieurs condisciples, dont l'amitié lui est restée fidèle jusqu'à la fin de sa vie. Je recueillais, il y a trois ans à peine, de la bouche de Mgr de Girardin, chanoine honoraire de la métropole de Paris, et de celle de Mgr de Conny, vicaire-général de Moulins, le précieux témoignage que le souvenir de Mgr de Saint-Palais, leur ancien condisciple de Saint-Sulpice, leur était toujours cher. Son caractère franc et ouvert, sa nature expansive et enjouée lui attiraient les sympathies de ceux qui l'approchaient. C'était un agréable causeur, qui savait donner à sa phrase un tour vif et piquant et qui contait à merveille. Malgré la bienveillance de sa nature, il n'était pas exempt d'une certaine pointe d'ironie légère et d'aimable plaisanterie qui provoquait le rire sans blesser la charité. On admirait sa régularité, on rendait hommage à la vigueur de son esprit autant qu'à la solidité de sa vertu, et tous, maîtres et élèves, s'accordaient à dire que c'était un parfait séminariste.

Lorsque l'époque des vacances le ramenait dans sa famille, son arrivée était pour nous une fête. La paroisse de La Salvetat, où résidait sa famille, avait alors à sa tête un pasteur qui l'a administrée pendant près d'un demi-siècle et qui y a laissé une mémoire que le temps n'a pas encore effacée. Sa joie la plus douce était de réunir dans son presbytère ces jeunes séminaristes, qu'il voyait grandir avec tant d'amour comme l'espérance de l'église ; c'étaient des élèves des séminaires de Montpellier, de Toulouse et de Saint-Sulpice. La plupart de ces vocations étaient son ouvrage ; car c'est son mérite devant Dieu d'avoir su discerner et préparer, dans les familles chrétiennes de sa paroisse, de jeunes recrues pour le sacerdoce. Or, un des enfants de prédilection du bien-aimé curé, celui dont il était le plus fier à bien juste titre, c'était l'abbé de Saint-Palais. Il se plaisait à dire que ce serait un jour un prêtre éminent et qu'il deviendrait la gloire de nos montagnes.

Cet aimable condisciple, si aimé de son pasteur, était le plus recherché parmi nous. Nous nous disputions le plaisir de jouir de sa société, de partager ses promenades et de recueillir de ses lèvres le récit de sa vie et de ses études à Saint-Sulpice. Il suivait fidèlement, pendant les vacances — j'en ai été le témoin — le règlement du séminaire, accomplissait avec exactitude ses exercices de piété, et nous laissait parfois entrevoir dans ses entretiens qu'il éprouvait un secret attrait pour les missions étrangères. Nous pouvions deviner déjà dans ces communications discrètes et voilées le futur missionnaire des États-Unis.

Pendant les dernières vacances qu'il passa avec nous, étant déjà diacre, il ne put résister aux vives instances de son curé qui le pressa d'adresser une instruction à ses paroissiens. On aurait dit que ce pasteur avait le pressentiment que le jeune diacre ne ferait plus entendre sa voix à ses compatriotes, et il sollicita de l'autorité ecclésiastique l'autorisation de le faire monter dans la chaire de son église. A cette nouvelle, la paroisse entière accourut pour écouter le jeune orateur. Son succès fut complet, et l'auditoire fut profondément ému. Il parla avec l'accent d'un apôtre, et sa voix pénétrante et sympathique remua tous les cœurs. Hélas ! ce fut pour la première et la dernière fois que ses parents, attendris jusqu'aux larmes, entendirent la parole pathétique et émouvante de leur cher fils.

Il rentra au mois d'octobre 1835 au séminaire pour achever ses études ecclésiastiques et se préparer à l'ordination de la prêtrise, et au moment où nous nous réjouissions de son élévation au sacerdoce, nous apprîmes que le jeune prêtre, qui venait d'être ordonné, allait quitter la France et porter à une autre contrée les prémices de son apostolat.

## CHAPITRE II

### Départ de l'abbé de Saint-Palais pour les États-Unis. Traversée et arrivée à Vincennes.

Grégoire XVI venait de créer le diocèse de Vincennes dans le vaste territoire de l'Indiana, et, sur la présentation des évêques d'Amérique, il avait nommé pour être le premier évêque de ce siège M. Simon Bruté, prêtre français, et Salpinien, attaché au séminaire d'Emmitzburg, dans le Maryland. L'évêque élu reçut la consécration épiscopale le 28 octobre 1834, dans la nouvelle cathédrale de Saint-Louis, dont la dédicace solennelle avait eu lieu deux jours auparavant, au milieu d'un immense concours de fidèles auxquels s'étaient mêlés les protestants. Le prélat consécrateur fut Mgr Flaget, évêque de Bardstown, assisté par Mgr Rosat, évêque de Saint-Louis, et par Mgr Purcell, évêque de Cincinnati, et cette cérémonie imposante, qui avait attiré une nombreuse assistance, fut le digne complément de celle de la dédicace.

Après avoir été sacré, Mgr Bruté s'achemina vers son diocèse, accompagné des deux évêques de Bardstown et de Cincinnati. En approchant de Vincennes, il trouva une compagnie de cavaliers catholiques et protestants qui venaient à sa rencontre, et il prit possession de son siège au milieu des témoignages d'une joie universelle.

Tout était à créer dans ce nouveau diocèse. Le clergé ne se composait que de quatre prêtres, la cathédrale n'était qu'une pauvre église en briques non achevée. Le nombre des catholiques s'élevait à près de trente mille ; mais ils étaient épars sur un territoire aussi vaste en étendue que le tiers de la France, au milieu d'une population de six cent mille âmes. Point de séminaire ni de collège ; point de ressources pécuniaires. Tout manquait au nouvel évêque, tout, excepté la confiance en Dieu, qui fait au besoin des prodiges pour récompenser la foi de ses serviteurs.

Il fallait d'abord de nouveaux ouvriers évangéliques pour une aussi grande mission. Mgr Bruté tourna ses regards vers la France et il traversa l'Océan pour venir demander des collaborateurs à notre clergé et des secours à l'œuvre de la Propagation de la Foi. Le séminaire de Saint-Sulpice, qui a été toujours une grande école de science ecclésiastique et de dévouement, lui donna quelques ouvriers. De ce nombre fut l'abbé Maurice de Saint-Palais, qui venait d'être ordonné prêtre, et avec lui un sous-diacre, naguère brillant avocat au barreau de Rennes, sa ville natale, l'abbé Benjamin Petit, qui avait généreusement renoncé aux espérances du monde pour se consacrer uniquement au service de Dieu.

L'abbé de Saint-Palais trouvait dans sa famille de beaux exemples d'un semblable dévouement. Deux de ses sœurs avaient dit adieu à la maison paternelle et au monde, pour entrer dans la congrégation des Filles de Saint-Vincent-de-Paul et se vouer au service des pauvres et des malades. La plus jeune se disposait à marcher sur les traces de ses aînées. Après les recrues que la charité venait de faire dans cette famille, l'apostolat allait avoir les siennes, et le missionnaire allait donner la main aux filles de la Charité pour travailler au salut des âmes. L'exemple de ses sœurs lui avait préparé les voies, et il y entra d'un pas ferme et courageux.

Il rencontra une vive opposition dans la tendresse de sa mère, à laquelle la perspective d'une cruelle séparation faisait verser d'abondantes larmes. Voyant ses supplications impuissantes, cette mère désolée s'adressa à Mgr de Quelen, archevêque de Paris, pour le prier de faire intervenir sa haute autorité, afin de retenir un fils qu'elle consentait bien à donner à l'Eglise, mais qu'elle ne se sentait pas le courage de laisser partir pour les missions étrangères.

La réponse de l'auguste prélat porte l'empreinte d'une foi admirable. Il écrivit en ces termes à un ami de la famille, le 7 mai 1834 :

« Lorque la lettre de Mme de Saint-Palais m'est arrivée, les choses étaient tellement avancées qu'il était bien difficile de faire reculer l'évêque de Vincennes, venu de l'Amérique chercher en France et en Europe des secours pour sa nouvelle église, en argent, en ornements, en vases sacrés, en livres, mais surtout en prêtres. C'est un de ces saints qui n'entendent que leur affaire et qui se font sourds aux cris de la mère désolée qui veut conserver son fils. C'est le chasseur impitoyable qui prend les petits au nid, sans se laisser attendrir par les gémissements et les supplications maternelles, ou plutôt un disciple, un apôtre de Jésus-Christ qui dit aux enfants de Zébédée : *Suivez-moi* ; et les enfants, qui veulent avoir place à la droite du grand juge des vivants et des morts, quittent tout pour aller là où ils croient que le Maître les appelle. Cependant, j'ai fait la mère, suivant le conseil de Fénelon à l'Electeur de Cologne, mais je n'ai rien pu obtenir, et Mme de Saint-Palais doit se préparer, avec la foi robuste que Dieu lui a donnée, à consommer son sacrifice. Terrible, mais consolant *consummatum est*, puisqu'elle recevra au centuple le prix de son courage. Veuillez être pour elle l'ange de la consolation. J'ose dire que je perds autant qu'elle, parce que cette vocation extraordinaire m'enlève un des meilleurs sujets de mon diocèse, qui part avec un autre jeune homme du séminaire sur lequel je fondais aussi de grandes espérances. La charité sacerdotale est catholique comme la foi. C'est la dispersion des apôtres et le zèle des missionnaires qui ont converti le monde. Il y a dans cette Amérique des âmes qui attendent leur salut de la générosité d'une mère que le Seigneur saura bien consoler tout seul, à son dernier moment. »

La mère, après une telle réponse, ne disputa plus son fils au Seigneur, et accepta avec une pieuse résignation le sacrifice que Dieu demandait à son cœur. Ce sacrifice fut bien douloureux, car la pauvre mère ne revit plus son fils en ce monde.

Mgr de Quelen voulut sonder lui-même la vocation du jeune prêtre dont il appréciait le talent et la vertu. Lorsque après un long entretien, il eut reconnu que sa détermination était inspirée par un grand esprit de dévouement, il ne la combattit plus, et il le bénit avec émotion, en lui disant : Allez, mon fils, où Dieu vous appelle.

Souvenir touchant ! Le jeune missionnaire, devenu plus tard évêque de Vincennes, reçut comme un legs précieux, une mître qui avait appartenu à Mgr de Quelen. Il la plaça avec joie sur sa tête et il la garda avec un soin religieux comme une relique de l'illustre et saint archevêque.

Mgr Bruté, dans ses courses à travers l'Europe, recruta plusieurs autres collaborateurs, en France, en Angleterre et en Allemagne, et au jour indiqué, dix-neuf missionnaires, presque tous prêtres, se trouvèrent au rendez-vous assigné.

Voici leurs noms :

M. E. de la Hailandière, de Combourg. — Ille-et-Vilaine.

M. Maurice d'Aussac de Saint-Palais, de la Salvetat. – Hérault.

M. le comte de Merle, qui entra plus tard chez les Jésuites où il est mort.

M. l'abbé Benoît, actuellement vicaire-général à Fort-Wayn.

M. l'abbé Perret, de Clermont, mort dans la compagnie de Jésus.

M. l'abbé Neyron, appartenant aujourd'hui à la congrégation des missionnaires de Sainte-Croix du Mans, établis dans le diocèse de Vincennes.

M. l'abbé Corbe, mort aumônier des sœurs de la Providence.

M. l'abbé Shaffer, mort au début de son apostolat.

M. l'abbé Stanislas Buteux.

M. l'abbé Vabret et M. l'abbé Berd, prêtres Eudistes, destinés à l'enseignement.

M. l'abbé Vincent Boquelin.

M. Edgard Shaw, fils d'un général anglais.

M. l'abbé Benjamin Petit, sous-diacre, de Rennes.

Un simple frère.

Un jeune homme obligé de rentrer en France par défaut de santé et trois sujets pour d'autres diocèses.

Ces missionnaires appartenaient à diverses nationalités ; mais ils ne formaient qu'une même famille et n'avaient qu'une même pensée : travailler au salut des âmes. Aussi, lorsqu'ils se rencontrèrent pour la première fois, ils s'embrassèrent affectueusement comme des frères : ne l'étaient-ils pas par le cœur et par le dévouement ? Ils prirent passage, au mois de Juin 1836, à bord d'un navire marchand qui partait du Havre pour New-York. La traversée fut longue et pénible : elle dura quarante jours et fut marquée par de grands coups de vent qui mirent le navire en danger. Un jour la tempête fut si violente que les passagers crurent que le vaisseau allait être englouti dans les flots. Ils tombèrent tous à genoux, et Mgr Bruté leur donna une absolution générale. Mais en même temps il leur dit pour les rassurer : « Mes enfants, ne craignez rien ; c'est une ruse du démon ; nous ne périrons pas. » Le capitaine, homme grossier et de mauvaise foi, ne tint pas ses engagements, et ses mauvais procédés ajoutèrent aux fatigues de la traversée. Les missionnaires acceptèrent avec résignation ces premières épreuves comme le prélude de celles qui les attendaient sur le théâtre de leur apostolat.

Les pieux passagers, prêtres et lévites, continuèrent à bord la vie régulière du séminaire. Les heures de la journée étaient partagées entre les exercices de piété et l'étude, celle surtout de la langue anglaise que devaient parler les missionnaires. Mgr Bruté les initiait par ses enseignements de tous les jours au ministère qui les attendait et les façonnait aux mâles vertus de l'apôtre. Ceux-ci se faisaient tour à tour les catéchistes des matelots et s'efforçaient de faire pénétrer dans leur esprit les vérités chrétiennes depuis longtemps oubliées. Ils préludaient par ces premiers essais de leur zèle aux rudes travaux des missions.

La pieuse colonie débarqua à New-York et, sous la conduite de Mgr Bruté, elle se hâta de prendre la route de Vincennes. Comme un bon père de famille, le saint évêque garda pendant quelque temps sous son modeste toit ses compagnons, afin qu'ils fissent sous ses yeux le noviciat de leur nouvelle vie. Après leur avoir fait connaître les besoins de son diocèse, il assigna son poste à chacun, et ceux-ci, fortifiés par la bénédiction de leur évêque, se dispersèrent sur tous les points de l'Indiana, pour aller à la conquête des âmes. Ils étaient pauvres ; ils s'attendaient à de grandes épreuves ; mais ils joignaient à l'ardeur de la jeunesse celle d'un intrépide dévouement, et à défaut de ressources, ils avaient dans leur foi un trésor qui ne devait jamais s'épuiser.

## CHAPITRE III

**Origine de la ville de Vincennes. — Vie épiscopale de Mgr Bruté. — L'abbé Maurice de Saint-Palais, missionnaire à Sainte-Marie.**

La ville de Vincennes, où résidait l'évêque, est d'origine française. Elle doit sa naissance et son nom au brave chevalier de Vincennes, commandant d'un détachement français, envoyé du Canada aux secours des Illinois, nos fidèles alliés ; c'était vers la fin du XVII^e^ siècle. Dans une expédition dirigée contre les tribus sauvages qui faisaient la guerre aux Illinois, le commandant tomba entre les mains de ces féroces ennemis qui le jetèrent dans un immense bûcher avec le père jésuite qui remplissait, parmi les troupes, les fonctions d'aumônier. Après sa mort, les Français qui composaient le détachement se fixèrent auprès du fort construit par le chevalier. Les Indiens, voulant témoigner leur reconnaissance à leurs généreux protecteurs, leur concédèrent vingt-quatre lieues de terres à défricher le long de la rivière de l'Owabash. Des familles catholiques originaires de France et du Canada, auxquelles vinrent se mêler des protestants américains, augmentaient peu à peu la population de la ville du chevalier de Vincennes. Ainsi, par son nom, par sa fondation et par ses premiers habitants, cette cité est française, et le nom de l'héroïque chevalier qui fut cruellement mis à mort sur l'emplacement qu'elle occupe fait planer sur elle un glorieux et touchant souvenir de la France.

La ville de Vincennes, lorsque Mgr Bruté prit possession de son siège, ne comptait pas plus de trois mille habitants. Elle n'avait pour cathédrale qu'une vaste construction en briques, entièrement nue, dont tout l'ameublement consistait en un pauvre autel en bois, surmonté d'une croix et de six chandeliers, don d'un généreux catholique français. L'évêque avait suspendu au-dessus un petit tableau de S. François-Xavier, patron de l'église. Des deux côtés, deux simples images, l'une de la Sainte Vierge, l'autre de Saint Joseph, indiquaient la place des deux autels qu'on se proposait d'y établir plus tard. Quand Mgr Bruté officiait, il n'avait avec lui dans le sanctuaire que quelques petits enfants de chœur revêtus de surplis à moitié usés. Un maître d'école canadien, assisté de deux autres catholiques, chantait quelques parties de la messe. Le jour des grandes solennités, l'évêque allait à l'autel en crosse et en mitre ; puis il les plaçait à sa portée, près d'une sorte de trône revêtu d'un tapis d'emprunt ; durant l'office, il les prenait et les déposait lui-même, n'ayant à ses côtés personne pour l'assister. C'était le dénuement des premiers siècles de l'Eglise.

L'évêque était à double titre pasteur de sa ville épiscopale ; il exerçait toutes les fonctions curiales, faisant les baptêmes, les enterrements et les mariages. Il faisait les simples catéchismes et les instructions, et dans son activité infatigable, il suffisait à tout. Après avoir passé la journée à exercer le saint ministère, à entendre les confessions, à visiter les malades, il passait une partie de la nuit à composer des traités populaires pour défendre l'église et combattre l'erreur. Il se couchait après minuit, se levait à trois heures et consacrait à la récitation de son bréviaire et à la méditation le temps qui s'écoulait jusqu'à la messe.

Malgré ces occupations absorbantes de tous les jours, il était souvent obligé de se porter à de grandes distances. « Ainsi, quand je dirais, écrivait-il, qu'à part mes autres travaux, j'ai été obligé de faire, en huit mois, plus de quatre cents lieues à cheval, ce calcul, qui peut paraître exagéré, serait cependant encore au-dessous de la vérité. » Il lui fallait, en effet, au prix de fatigues inouïes, visiter les postes les plus éloignés, se multiplier sur tous les points de son vaste diocèse et faire sentir partout l'heureuse influence de son zèle.

Avant l'arrivée des recrues que Mgr Bruté amenait de France, le diocèse ne comptait que quatre prêtres : M. Ruff, venu du diocèse de Metz ; M. Ferneding, que Mgr Flaget, évêque de Bordstown, avait bien voulu céder pour les Allemands du sud-est ; M. Lalumière, natif de Vincennes, le premier prêtre de l'Indiana ordonné par Mgr Flaget, et un missionnaire envoyé par la Propagande, qui exerçait le ministère à Vincennes. Ces quatre prêtres étaient placés aux quatre coins du diocèse, à de grandes distances les unes des autres, et ils étaient obligés de faire plusieurs lieues, soit à pied, soit à cheval, pour aller visiter les fidèles disséminés sur une grande étendue. Une de leurs plus douloureuses épreuves était de ne pouvoir communiquer entre eux qu'à de rares intervalles et de se voir condamnés à un pénible isolement. L'arrivée des nouveaux ouvriers allait rapprocher les distances et rendre les relations plus fréquentes.

L'abbé Maurice de Saint-Palais fut d'abord envoyé à Sainte-Mary, et cette humble station, à dix lieues au sud de Vincennes, fut le premier théâtre de son apostolat. Il y avait là un petit troupeau catholique avec une chapelle en bois, sans presbytère. Le prêtre n'avait d'autre logement qu'un étroit réduit attenant à la chapelle et servant de sacristie. C'était tour à tour son cabinet d'étude, sa salle à manger et sa chambre à coucher. L'oratoire où se réunissaient les fidèles rappelait par son dénuement la pauvreté de l'étable de Bethléem. Un autel en bois grossièrement façonné, surmonté d'une image pieuse, et pour chandeliers deux bouteilles dont le goulot ébréché supportait deux cierges, voilà tout l'ameublement du sanctuaire. La ferveur d'un groupe d'Irlandais catholiques en faisait le plus bel ornement.

Le logement du missionnaire, séparé de l'église par une simple cloison de bois, portait l'empreinte de la même pauvreté, et le serviteur n'était pas mieux traité que le Maître. Pour ménager l'espace, le lit avait été pratiqué dans l'enfoncement de l'autel. Un peu de paille et une couverture grossière, telle était la couche du missionnaire.

Lorsque Mgr Bruté vint visiter cette résidence, il y eut, le soir, à l'heure du repos, une lutte touchante entre le prélat et le jeune missionnaire. Celui-ci pressait Monseigneur d'accepter cette couche qu'il avait remuée de ses mains et sur laquelle il avait eu soin d'étendre de la paille fraîche. Mais l'évêque se refusait à enlever à son cher missionnaire sa couche accoutumée : il tenait à rester dans le sanctuaire et à dormir sur les marches de l'autel, enveloppé dans son manteau. Tous les deux opposaient une égale résistance dans cette lutte de la charité et aucun n'était disposé à céder. Enfin, le prélat proposa un accommodement qui fut accepté : ce fut qu'ils reposeraient à côté l'un de l'autre sur la même paille. Une seule couverture était étendue sur ce misérable grabat pour garantir du froid si intense dans cette région. Selon son habitude, le prélat, comme un bon père de famille, chercha à abriter de son mieux son compagnon de lit, en restant lui-même découvert. « Mais, Monseigneur, disait l'abbé de Saint-Palais, vous ne gardez point de couverture, vous me la donnez tout entière. » « Oh non ! répondit le prélat, vous n'en avez que la moitié. » Pendant la nuit, Mgr Bruté, pensant que le missionnaire dormait, rejetait doucement la couverture pour mieux couvrir son voisin, et celui-ci la renvoyait à son tour. « Ah ! vous ne dormez donc pas, dit le prélat ! » « Ni vous, Monseigneur, répondit l'abbé de Saint-Palais. » Et là-dessus on ne chercha plus à dormir, et la nuit se passa en causeries pieuses.

Les prédications dans la paroisse Sainte-Mary, composée en grande partie d'Irlandais, devaient se faire en anglais. L'abbé de Saint-Palais se livra avec ardeur à l'étude de cette langue. Il l'a parla bientôt avec facilité et elle lui devint aussi famillière que la langue française.

Les familles catholiques étaient éparses çà et là, au milieu des forêts et dans les grandes prairies qu'elles défrichaient. Or, partout où se trouvaient ces enfants de l'Eglise, le ministère du prêtre était réclamé. C'est là qu'il devait se rendre, non-seulement pour visiter les malades, mais encore pour entendre les confessions, faire le catéchisme aux enfants, offrir le saint-sacrifice et prêcher. Car ces colons, établis à de grandes distances de l'église, ne pouvaient assister, le dimanche, aux offices, et il fallait que le missionnaire allât jusqu'à eux et leur apportât les secours de la Religion. Ce n'était pas sans de grandes fatigues. Mais il en était bien dédommagé par la vue des fruits abondants que produisait son zèle.

Ordinairement, l'abbé de Saint-Palais partait le lundi matin à cheval pour commencer sa visite paroissiale. Il avait eu soin de prévenir à l'avance de sa prochaine arrivée les fermes qu'il devait visiter. Plusieurs familles du voisinage pouvaient ainsi se trouver au rendez-vous indiqué. Lorsqu'on le voyait arriver, on s'empressait autour de lui et on lui souhaitait la bienvenue. Le missionnaire commençait par réunir les enfants et leur faire le catéchisme. Puis, quand tous les habitants de la ferme étaient rentrés des champs, il leur adressait une instruction et les préparait à la réception des sacrements. Après le repas, la soirée se prolongeait en causeries intéressantes.

Le lendemain, l'autel était dressé dans la principale pièce de la maison, et, quand le temps le permettait, au pied d'un grand arbre dont les branches formaient au-dessus des têtes un dôme de verdure. Le prêtre confessait les personnes présentes ; il offrait ensuite le saint sacrifice, et, dans une nouvelle instruction, il adressait ses dernières recommandations à ses auditeurs.

La cérémonie terminée, il prenait place à la table autour de laquelle étaient rangés tous les membres de la famille et mangeait avec eux un morceau de porc fumé, avec du pain de maïs, arrosé d'une tasse de café bien noir. Il montait ensuite à cheval, au milieu des plus touchants adieux, pour se rendre à une autre station, et ainsi tous les jours jusqu'à la fin de la semaine, où il rentrait à Sainte-Mary pour donner ses soins à la congrégation principale.

Ces courses étaient mêlées parfois de quelques incidents qui ne troublaient point la bonne humeur du missionnaire. L'abbé de Saint-Palais racontait avec un aimable entrain qu'un jour son cheval le jeta dans un fossé fangeux. Le cavalier, désarçonné, parvint à se tirer de ce mauvais pas, non sans porter sur ses habits maculés par la boue les traces visibles de sa chute malencontreuse. Il laissa son cheval brouter paisiblement l'herbe, et, sans se déconcerter, il alla laver ses vêtements au ruisseau voisin, et attendit à l'ombre qu'ils fussent séchés. Quand tout fut prêt, il remonta à cheval et poursuivit sa marche, pressant le pas de sa monture, afin de regagner le temps perdu.

Telle était la vie du missionnaire à Sainte-Mary, une vie errante, qui ne manquait ni de privations, ni de fatigues, mais, dans laquelle les consolations faisaient oublier les épreuves.

## CHAPITRE IV

### L'abbé Benjamin Petit, missionnaire, chez les sauvages.

Nous devons faire connaître l'admirable dévouement d'un collaborateur et d'un ami de l'abbé de Saint-Palais, qui l'avait vu à Saint-Sulpice, l'abbé Benjamin Petit, de Rennes, qui fut ordonné prêtre dans la cathédrale de Vincennes, au mois d'octobre 1837. C'est une touchante figure qui nous apparaît toute rayonnante de ferveur, de sérénité, de douceur et de charité. Les *Annales de la Propagation de la Foi* ont reproduit quelques lettres de ce généreux missionnaire, qui se voua au ministère si laborieux des tribus sauvages que le gouvernement des États-Unis forçait à émigrer, et qui, arrivé au terme de ses longues courses, succomba victime de son dévouement. Nous empruntons à ce recueil quelques passages des lettres de ce missionnaire (1).

Voici ce qu'il écrivait à sa mère, le lendemain de son ordination. « Je suis prêtre, et cette main qui vous écrit a porté, ce matin, Jésus-Christ ! comment exprimer tout ce que je voudrais vous écrire, et comment ne pas vouloir dire pourtant quelque chose de ce que nulle langue ne peut rendre ! Ma main est consacrée à Dieu. Me voici maintenant un pouvoir auquel Dieu lui-même est docile. Comme ce matin, à ma première messe, ma voix tremblait, lorsque, arrivé à l'endroit du *Memento*, j'avais à vous rappeler tous à mon Dieu ! Mon Dieu ! Et demain encore, et après demain, et tous les jours de ma vie jusqu'au dernier jour !..... Quand je pense que dans deux jours je partirai d'ici tout seul, allant à près de trois cents milles répandre parmi des peuples que je ne connais pas, mais auxquels Dieu m'envoie, des sacrements, des grâces ratifiées au ciel, je tremble à la vue de mon néant. Quand je me vois d'avance voyager en compagnie de mon Dieu reposant sur ma poi-

(1) *Annales de la Propagation de la Foi* : Juillet 1839. — N° LXV.

trine nuit et jour, comme il nous arrive souvent ici, portant sur mon cheval les instruments de grand sacrifice, m'arrêtant de temps à autre au fond des bois et faisant de la chaumière d'un obscur catholique le palais du Roi du ciel, je me sens pénétré de cette pensée de S. Paul, que Dieu aime, pour faire de grandes choses, à se servir de ce qui n'est rien : *Eœ quœ non sunt.* — Oh ! alors je m'abandonne volontiers, et je dois le dire, à cette heure si importante de ma vie ; je n'ai rien ressenti encore de pénible ; tout a été le doux entraînement de la volonté de Dieu, qui ordonne et exécute lui-même par sa grâce. Oh ! comme je me fie avec délices en lui ! Priez beaucoup pour moi ; voici le temps !..... J'étais diacre depuis le 24 septembre, lorsqu'un soir arrive une lettre cachetée de noir, annonçant que M. Delseilles, depuis sept ans missionnaire chez les Indiens, était mort. Il avait averti à temps, à Chicago et à Logansport, ses deux plus proches voisins ; mais l'un était très mal, et l'autre, au lit depuis plusieurs semaines, était trop épuisé pour pouvoir se transporter à soixante quinze milles. M. Delseilles eut à mourir tout seul. Oh ! Marie l'aura assisté ! C'est là sans doute une des plus rudes épreuves des missionnaires, mais comme ils ne s'exposent à ces dangers que pour l'amour de Dieu, Lui, si bon, ne les laisse pas sans secours à la mort, et s'il les prive de l'assistance d'un prêtre, c'est assurément pour embellir leur couronne des mérites d'un dernier sacrifice. Je pense bien qu'il n'accorde cette faveur qu'à ceux qui sont ses saints amis. »

Le jeune missionnaire raconte ensuite comment, en présence de cette situation, Mgr Bruté s'est décidé à devancer l'époque fixée pour son ordination et lui a conféré la prêtrise. Puis il ajoute : « Ce beau jour, je le finirai en vous disant que le sentiment dominant en moi est une joie profonde, sous le poids des nouvelles obligations contractées. Je ne sais si j'en dois avoir quelque inquiétude, mais je me trouve le cœur si léger, si heureux, si content, que j'en suis tout étonné. Aller de messe en messe jusqu'au ciel !..... Vous le savez, souvent je disais que j'étais né heureux : Eh bien ! encore à présent je peux le dire, et Dieu, dans ma première mission, m'a traité en enfant gâté. J'avais toujours désiré une mission sauvage, nous n'en avions qu'une dans l'Indiana, et c'est moi que les Potowattomies appellent leur Père la *Robe noire.* »

Quel cœur d'apôtre ! quel admirable langage et comme on y sent toutes les ardeurs de la charité évangélique ! Il était bien digne de remplacer le saint prêtre, le bon abbé Delseilles qui venait de mourir au milieu de ses chers sauvages. Ce généreux missionnaire, sentant sa fin prochaine et apprenant que la maladie empêchait son confrère le plus voisin de répondre à son appel, n'avait pas voulu mourir sans sacrements. Il s'était fait porter dans son église, et là, par un effort surhumain, se soulevant jusqu'au tabernacle, il s'était communié lui-même. Puis s'affaissant sur lui-même, il s'était éteint paisiblement, consolé par la présence de Dieu qu'il avait dans son cœur.

Quand ces bons sauvages le virent mort, ils le revêtirent de ses habits et l'entourèrent de plantes aromatiques. Quelques jours après, un prêtre arriva et dit qu'il fallait enterrer le pauvre défunt. « Nous n'enterrerons pas la Robe noire, répondirent les Indiens. Qui donc nous parlerait du bon Dieu ! qui nous ouvrirait les portes du ciel ? »

« Mes enfants, reprenait le missionnaire, l'âme de votre Père est au ciel, où elle prie pour vous ; mais le corps est mort, et il faut le rendre à la terre. » Les Indiens secouaient la tête en disant : « Nous venons à l'église aux heures accoutumées, et, en le voyant là devant nous, c'est comme s'il nous parlait. Nous nous rappelons tout ce qu'il nous a dit. »

Quelle simplicité touchante et quelle foi profonde dans ces âmes naïves ! ces bons sauvages ne consentirent à ensevelir leur Père qu'après qu'on leur eut promis de leur envoyer une autre Robe noire ; et ce fut l'abbé Petit qui fut désigné pour aller remplacer le missionnaire défunt.

Laissons-le maintenant raconter lui-même son premier séjour au milieu de cette tribu. « Je suis resté vingt et un jours au milieu d'eux ; voici la vie que nous avons menée : Au soleil levant, la première cloche sonnait ; et vous auriez vu les sauvages arriver le long des sentiers de la forêt et sur le bord des lacs — il y en a quatre contigus, et l'église est bâtie sur un coteau, au bord du plus grand.

— Quand ils étaient arrivés, sonnait la deuxième cloche : puis, en attendant que les retardataires fussent rassemblés, le catéchiste faisait une répétition vive et animée du sermon de la veille ; on récitait ensuite une leçon de catéchisme, et la prière du matin. Je disais la messe au milieu des cantiques, et je prêchais ensuite, interprêté par une respectable demoiselle de soixante et douze ans, française, qui s'est consacrée en qualité d'interprête à l'œuvre des missions, puis ils terminaient par un *Pater* et un *Ave*, chantaient : *Je mets ma confiance, Vierge, en votre secours*, et sortaient de la chapelle. C'était alors le temps de confesser jusqu'au soir, quelquefois même après souper. Au coucher du soleil, ils se réunissaient de nouveau pour le catéchisme, que suivaient une exhortation, la prière du soir, le cantique à la Vierge ; et je leur donnais ma bénédiction — la bénédiction du pauvre Benjamin ! — Mais Dieu a fait en moi de grandes choses : *Fecit mihi magna qui potens est !* Beaucoup avaient l'habitude de la communion fréquente, et, privés qu'ils en étaient depuis la mort de M. Delseilles, ils avaient pratiqué la communion spirituelle avec toute l'ardeur d'un pieux désir..... Si maintenant je vous disais comme ils se sont attachés à moi pendant ce peu de temps ! « Nous étions orphelins, me disaient-ils, et comme dans la nuit, mais vous êtes apparu parmi nous comme une grande clarté, et nous vivons. Vous êtes à la place de notre Père qui est mort, et nous ne ferons rien sans votre avis. — Je ne tiens pas le cœur des autres dans ma main, disait, les yeux gros de larmes, un vieil homme, en me serrant la main, mais jamais le mien n'oubliera ce que vous nous avez dit. Pendant que vous étiez au milieu de nous, si nous avions un chagrin, nous venions à vous, et vous nous consoliez. Qui aurons-nous, quand vous serez parti ? » — Lorsque passant près d'un wigwam, je soulevais la natte qui sert de porte, et que j'avançais la tête pour leur dire : « Bonjour, mes enfants ! » si vous aviez vu leur franc sourire, en me répondant : « Bonjour, mon Père ! » Si vous les aviez entendus me demander avec une simplicité d'enfant la permission d'aller à leur chasse d'automne, et, quand ils avaient reçu ma bénédiction et le petit papier où je leur indiquais les jours de maigre et de jeûne, prendre congé d'un air si filial et si simple ; si vous aviez vu leur cœur gros, quand le cercle s'agenouilla en silence autour de moi, au moment où je partais ; vous comprendriez pourquoi, en leur faisant ce premier adieu, je retrouvai dans mon cœur quelque chose du sentiment que je connus pour la première fois, lorsque je quittai Rennes. Je quittais encore ce jour-là ma famille. »

Le jeune missionnaire, obligé de se séparer pour quelque temps de ses chers sauvages, eut la joie de revenir au milieu d'eux au commencement de l'année 1838. Ecoutons-le encore nous faisant le récit si attachant de sa vie au milieu de cette peuplade.

« Me voici à Chichipé-Outipé — c'est le nom du village de la tribu — au sein de mon église indienne. Comme je les aime mes enfants, et comme je me plais au milieu d'eux ! Cette mission est laborieuse ; mais que de consolations ! Je ne le répèterai pas ; c'est toujours la même merveille, un incroyable mouvement de conversions parmi ces pauvres infidèles. Il y a maintenant mille à douze cents chrétiens; et puis une ferveur, une simplicité admirable et touchante. C'était le dernier jour de l'année 1837. Je dormais sur ma natte, lorsque, vers minuit, je fus réveillé en sursaut par une décharge de mousqueterie. On n'est pas longtemps à se lever quand on dort habillé sur des nattes. Je courus à la porte qu'on agitait et j'ouvris. Ma chambre se remplit aussitôt d'une troupe d'Indiens, hommes, femmes, enfants, qui venaient me souhaiter la bonne année. Ils se mirent tous à genoux autour de moi et je les bénis : puis tous, en me souriant, vinrent me donner la main. C'était une véritable fête de famille. Je leur adressai une courte allocution sur l'année qui s'en allait et sur celle qui venait de commencer, et je les menai à la chapelle, où nous fîmes une courte prière. Puis, ils me demandèrent la permission d'aller faire la même politesse aux chefs, ce que je leur accordai sans peine, vous pouvez le penser. Oh ! je les aime tendrement. Si vous voyez, quand j'entre dans ma cabane, les petits enfants qui m'entourent et montent sur mes genoux, les père et mère et les aînés, qui se recueillent, font pieusement le signe de la croix, et puis, avec un sourire confiant, viennent me presser la main, vous ne pourriez vous défendre de les aimer comme moi. Quand on les visite, le soir, dans leurs cabanes, on les trouve penchés sur le feu, chantant des cantiques ou récitant le catéchisme à la lueur de leur brasier. J'ai dans ce moment-ci des chrétiens de trois semaines qui ont appris prières, catéchisme et cantiques, dans un espace de temps inconcevablement court. Je commence à parler un peu leur langue, à découvrir quelque chose de ce qu'ils me disent ».

Mais hélas! cette vie douce et paisible, au milieu de ces bons Indiens, ne fut pas de longue durée. Le gouvernement américain, qui refoulait partout les pauvres sauvages, s'empara du village de Chicbipé-Outipé, chassa ses habitants, et ceux-ci, traqués inhumainement comme des bêtes fauves, furent contraints d'abandonner leurs wigwams, de quitter la terre où reposaient les ossements de leurs pères, et d'aller chercher au loin, par delà les savanes et les forêts, une terre plus hospitalière.

Ecoutons encore le généreux missionnaire.

« Un matin, écrivait-il à la date du 14 septembre 1838, je dis la messe, puis on dégarnit mon église de tous ses ornements, et je rassemblai mes enfants à l'heure du départ. Je leur parlai encore une fois; je pleurais, mes auditeurs sanglotaient : c'étaient à fendre l'âme. Nous, mission qui mourait, nous priâmes pour le succès des autres missions, et nous chantâmes tous ensemble : « Je mets ma confiance, Vierge, en votre secours ». Celui qui entonna eut la voix étouffée par un sanglot, et quelques voix seulement arrivèrent jusqu'à la fin. Je partis. Il est triste, je vous assure, pour un missionnaire de voir une œuvre si jeune et si vigoureuse expirer entre ses bras. Quelques jours après, j'appris que les Indiens, malgré leurs dispositions paisibles, avaient été surpris et faits prisonniers de guerre. Le gouvernement me faisait inviter en même temps à les accompagner au pays qu'il leur destinait, la séparation de leur prêtre étant un des motifs qui empêchaient les Indiens de consentir à leur exil. »

Quel pénible voyage! Les pauvres Indiens étaient pressés, la baïonnette aux reins, par les soldats qui les accompagnaient et qui les poussaient devant eux comme un vil troupeau. Il fallait marcher par un soleil brûlant, au milieu d'épais tourbillons de poussière, et souvent sans eau pour se désaltérer. Il y eut parmi les émigrants un grand nombre de malades et beaucoup de morts. Quand ils tombaient exténués le long de la route, on les entassait pêle-mêle dans des voitures de transport, et la plupart mouraient de chaleur et de soif. L'arrivée du missionnaire parmi eux fut accueillie par des cris de joie, et sa présence adoucit pour ces infortunés les désolations de l'exil. Il soutint leur courage, administra les malades et ensevelit les morts. Quand, le matin, on quittait un campement, on laissait toujours quelques morts à l'ombre de la croix.

Ce ne fut qu'après deux mois d'une marche fatigante que l'émigration arriva au terme de sa course. La route qu'elle avait parcourue était jalonnée par les tombes nombreuses où reposaient ceux qu'elle avait ensevelis. L'abbé Petit confia ses chers sauvages à un père jésuite de Saint-Louis, qui devait, désormais, en prendre soin, et, sa mission finie, il tomba à son tour, épuisé par la fièvre et par la fatigue. Il se traîna péniblement jusqu'à Saint-Louis, où il fut accueilli comme un frère dans l'établissement des pères de la compagnie de Jésus. Le mal s'aggrava, malgré les soins dont il fut l'objet, et il s'éteignit à la fleur de son âge, édifiant tous ceux qui l'entouraient par sa douce résignation et par son angélique piété.

Cette mort excita les plus vifs regrets, non-seulement parmi les catholiques, mais encore parmi les protestants, dont il avait su gagner les sympathies. Le diocèse perdait en lui un de ses missionnaires les plus distingués qui, par son intelligence et son dévouement, aurait rendu les plus grands services à la cause catholique.

Mgr Bruté, qui le pleurait comme un fils de prédilection, voulut célébrer pour lui, dans sa cathédrale, une messe pontificale. Tous les habitants de Vincennes, sans distinction de culte, s'empressèrent de s'y rendre. Les missionnaires les plus rapprochés, au nombre de cinq, y assistèrent. Le curé de Sainte-Marie, l'abbé de Saint-Palais était là, et il pleurait à la fois un ancien condisciple et un éminent confrère. C'était le troisième missionnaire qui succombait en seize mois. L'évêque lui-même ne devait pas tarder à les rejoindre dans la tombe.

## CHAPITRE V

### Mort de Mgr Bruté. — Episcopat de Mgr de La Hailondière.

Mgr Gabriel-Simon Bruté avait peu à peu usé sa santé par ses travaux, ses courses, ses privations et ses veilles ; il s'était dépensé sans mesure pour le bien de son diocèse, et c'est dans la prière, le sacrifice, les sueurs et les rudes labeurs du ministère qu'il avait jeté les fondements de son Eglise. Sa vie s'était épuisée dans cette activité qui ne connaissait point le repos, et il succomba victime de son zèle. Sa mort fut une grande épreuve pour ce diocèse à peine formé dont il était l'âme et la vie, et on ne pouvait se défendre d'un sentiment de crainte pour l'avenir de son œuvre. Mais si les prêtres et les fidèles de l'Indiana perdaient un père sur la terre, ils avaient un protecteur de plus dans le ciel.

Mgr Bruté mourut au mois de février 1839, dans la cinquième année de son épiscopat. Dans ce court espace de temps, il avait accompli de grandes choses; il avait formé un clergé, organisé bien des paroisses et développé la vie catholique dans son vaste diocèse. Il mérite d'occuper une place d'honneur à côté de ces grands évêques qui ont fondé les églises aujourd'hui si florissantes des Etats-Unis, et l'histoire de sa vie est une des plus belles pages de l'histoire du diocèse de Vincennes. C'était un grand caractère, ferme comme le granit de la Bretagne qui lui avait donné le jour, et plein de cette ardeur généreuse qui fait les apôtres. C'était aussi une intelligence cultivée et très versée dans les matières de controverse. Il était parvenu à former une bibliothèque considérable et choisie qu'il légua à ses successeurs et qui fait aujourd'hui le plus bel ornement de la demeure épiscopale de Vincennes.

Il avait un cœur de père pour ses prêtres, et il se plaisait à leur prodiguer tous les témoignages d'une véritable tendresse. Sa demeure était l'hôtellerie des missionnaires, et tout ce qu'il possédait était à leur disposition. Chacun d'eux prenait librement ce qu'il trouvait à sa convenance : des chaussures, du linge, des vêtements. On laissait en échange les habits déjà usés qu'on portait, et on les gardait au vestiaire, dans la persuasion qu'un autre, réduit à un plus grand dénuement, serait heureux de les trouver. Le bon évêque avait un tel amour pour la pauvreté, qu'il affectait à son usage ce dont les autres ne voulaient plus. Il raccommodait lui-même ses vêtements, et on montre encore à Vincennes, comme des reliques précieuses, quelques-uns de ses habits rapiécés de ses mains pontificales.

La grande préoccupation de son cœur était le soulagement de ses prêtres. Nous l'avons déjà dit, il ne souffrait pas, dans ses tournées pastorales, que le missionnaire lui cédât son grabat. Il lui arrivait souvent, enveloppé de son manteau et couché sur les marches de l'autel, de passer la nuit entière en oraison devant le Seigneur. Il lui vint une fois dans la pensée, pendant la nuit, qu'un de ses prêtres était sans ressources et avait besoin d'argent. Dès le matin il s'empressa d'emprunter quelques dollars, et il lui écrivit, en les lui envoyant : « J'ai pensé que vous aviez besoin d'argent : en voici. Quand vous n'en aurez plus, vous m'en demanderez. Je ne veux pas que vous vous laissiez souffrir ».

Voici un autre trait non moins admirable de sa charité épiscopale. A une petite distance de Vincennes résidait un de ses prêtres qu'il aimait à visiter. Sitôt qu'il était de retour de ses courses apostoliques, et quand les devoirs de sa charge lui en laissaient le loisir, il partait, et, appuyé sur son bâton, il arrivait le cœur joyeux chez son ami : « Oh ! disait-il en souriant, je suis sûr que vous n'avez rien pour dîner, et j'apporte quelque chose ». Il tirait aussitôt de sa poche un gros morceau de pain. On mettait alors dans la marmite un morceau de lard, la nourriture ordinaire de ces contrées ; on le plaçait sur l'unique assiette du logis, et l'évêque et le prêtre, assis sur deux escabeaux boîteux, auprès d'une table grossière façonnée par des mains plus habiles à bénir qu'à manier des outils, se repassaient tour à tour la fourchette et le couteau (1). Touchants récits qui nous reportent à la simplicité et à la pauvreté de la primitive Eglise ! De ces généreux missionnaires, on peut dire que si la maison qui les

(1) Sainte-Marie des Bois, par M. Léon Aubineau.

abritait et l'oratoire où ils célébraient les saints mystères étaient en bois, leur cœur était d'or.

Tel était ce saint évêque, avec cette amabilité, cette charité admirable, cette abnégation, cette prière constante, qui donnent tant de relief à sa douce et pieuse physionomie.

Ce fut un des prêtres qu'il avait amenés de France, un breton comme lui, M. l'abbé de La Hailondière, qui fut appelé à lui succéder. Il se trouvait en ce moment en France où il était venu recruter, avec de nouveaux prêtres, une colonie de Frères et de Sœurs pour les écoles de l'Indiana. Il avait déjà refusé d'être le coadjuteur de Mgr Bruté, et à la première nouvelle du choix qu'on venait de faire, son premier sentiment fut d'essayer de se soustraire au fardeau redoutable qui lui était imposé. Il fallut faire violence à son humilité. Il céda aux instances pressantes qui lui furent faites et il reçut la consécration épiscopale à Paris, le 18 août 1839, en même temps que Mgr Morlot, qui devait monter plus tard sur le siége métropolitain de la Capitale et être revêtu de la pourpre.

Le successeur de Mgr Bruté, avant d'aller prendre possession de son diocèse, voulut lui procurer, comme un bienfait précieux, une institution de Sœurs pour donner aux jeunes filles une éducation chrétienne.

Il y avait dans une petite bourgade de la Bretagne, à Ruillé-sur-Loir, une congrégation religieuse, connue sous le nom de Sœurs de la Providence, qui se vouait à la visite des pauvres et à l'éducation des enfants. Le nouvel évêque de Vincennes arriva un jour dans cette communauté, au moment où elle faisait sa retraite, et il fit part de son projet d'introduire une colonie de ces Sœurs dans son diocèse. Quelle surprise!

L'humble communauté n'avait jamais songé à la gloire de franchir les mers et d'étendre ses rameaux jusque dans l'Amérique du Nord. Elle vivait se suffisant à peine, inconnue au monde et n'exerçant sa charité que dans un cercle bien étroit. Néanmoins elle ne fut pas trop effrayée à la vue du grand dessein proposé à son courage, et, mettant sa confiance en Dieu, elle accepta généreusement cette proposition, heureuse de se sacrifier pour le salut des âmes. Six religieuses s'embarquèrent au Havre, sous la conduite de la Sœur Théodore, qui nous a transmis le récit de ce voyage dans une admirable lettre, pleine de simplicité et de foi (1).

Elles arrivèrent à New-York, après une traversée de quarante jours, et se rendirent à Vincennes pour recevoir la bénédiction de l'évêque qui les avait appelées. Il leur fallut franchir encore une distance de vingt-cinq lieues pour arriver au lieu destiné à leur fondation. Elles trouvèrent une habitation en planches qui n'était pas encore achevée. C'était le logement qui leur était destiné. Ce fut là, au milieu des forêts, qu'elles fondèrent le monastère de Sainte-Marie-des-Bois, si pauvre, si humble dans ses commencements, et devenu plus tard une des institutions les plus florissantes de l'Indiana, où sont élevées, non seulement les jeunes personnes catholiques, mais encore plusieurs jeunes filles qui appartiennent aux familles protestantes de cette contrée.

## CHAPITRE VI

### L'abbé Maurice de Saint-Palais curé de Chicago et ensuite de Logansport.

Un des premiers actes de l'administration de Mgr de La Hailondière fut d'appeler le curé de Sainte-Marie, qui occupait ce poste depuis près de quatre ans, à la paroisse plus importante de Chicago.

Cette ville, située sur le lac Michigan, qui n'était en 1830 qu'un [illegible]ste militaire et de commerce avec les Indiens, grandissait tous [illegible]rs et comptait déjà plus de 4,000 habitants, lorsque l'abbé [illegible]lais fut placé à la tête du troupeau catholique. Il y ar-[illegible] janvier 1840 et il n'y trouva qu'une église en bois. [illegible] pressentir le magnifique avenir qui attendait [illegible] n'était qu'une ville assise sur un terrain [illegible] la plupart des habitations étaient en

(1) Sainte-Marie-des-Bois.

planches. Mais en voyant l'accroissement rapide de la population, qui augmentait chaque année de 2,000 âmes, l'abbé de Saint-Palais comprit que cette ville, heureusement située, prendrait un grand développement, et il n'hésita pas, lorsque ses ressources le lui permirent, à acheter une vaste étendue de terrain pour servir d'emplacement à l'église, aux écoles et aux autres établissements religieux qu'il projetait de fonder. Ce fut une excellente opération au point de vue des intérêts de la communauté catholique, et lorsque, quelques années après, cette ville devint le siège d'un évêché, ce fut là le centre des œuvres catholiques de Chicago.

L'abbé de Saint-Palais reçut dans cette ville, en 1841, la visite inattendue d'un illustre voyageur, dont il avait entendu prononcer le nom lorsqu'il était à Saint-Sulpice : c'était Mgr de Forbin-Janson, évêque de Nancy, que la Révolution de 1830 avait chassé de son siège, et qui méditait, dans ses longues pérégrinations, la fondation de l'œuvre devenue si populaire de la *Sainte Enfance*. Pressé par un dévouement infatigable, il avait repris sa vie de missionnaire qui avait signalé les débuts de ses premières années dans le ministère, et, traversant les mers, il allait porter aux missions étrangères une parole que repoussait le peuple égaré de son diocèse.

L'abbé de Saint-Palais l'accueillit avec la plus grande joie et le retint pendant quelques temps sous son modeste toit. Dans ces longues heures de causerie qu'ils passaient ensemble, ils parlaient tour à tour de la France et des Etats-Unis, et ces deux âmes généreuses se communiquaient leurs projets et leurs espérances. On se fait aisément une idée du bonheur du missionnaire, jeté si loin de sa patrie, de retrouver sur les bords du lac Michigan un compatriote, un évêque éminent, qui lui parlait de sa chère France et des graves événements qu'elle avait traversés. Ce ne fut pas une moindre joie pour l'évêque voyageur et apôtre, de rencontrer un prêtre français, comme lui ancien élève de Saint-Sulpice, perdu aux bords des grands lacs, de recueillir de
pleins d'intérêt sur les progrès du catholic
de recevoir sous son humble presbytère l'h
Cette étape auprès d'un missionnaire

l'Amérique du Nord, ne fut pas une des moins agréables pour Mgr de Forbin-Janson, dans ses longues pérégrinations à travers l'Ancien et le Nouveau-Monde.

La ville de Chicago, prenant tous les jours de nouveaux accroissements, avait déjà atteint, en 1843, le chiffre de plus de 10,000 habitants, et l'Etat de l'Illinois, dont elle est le chef-lieu, était devenu un des plus importants au point de vue du commerce, de la population et de la richesse. Le Souverain-Pontife détacha cette ville du diocèse de Vincennes pour en faire le siége d'un nouvel évêché, afin que les intérêts religieux de la cité marchassent de pair avec sa prospérité matérielle. On sait que Chicago a pris de nos jours un développement prodigieux, qu'elle compte plus de 500,000 habitants et qu'elle est après New-York la ville la plus considérable des Etats-Unis ! C'est aujourd'hui le plus grand marché des grains du monde entier, grâce à ses grands lacs, ses canaux et ses voies ferrées, et ce sera bientôt le plus vaste entrepôt de bestiaux et de viandes exportées. Il fallait donc là un centre religieux, et l'abbé de Saint-Palais, en appuyant de ses démarches la création d'un évêché et en lui préparant les voies par l'acquisition qu'il avait faite d'un vaste terrain, avait parfaitement compris l'avenir et l'importance de Chicago. Il fut heureux de confier à la houlette pastorale d'un évêque le troupeau qu'il avait dirigé pendant trois ans, et de lui transmettre toutes ces œuvres qu'il avait fondées et qui n'attendaient que la bénédiction épiscopale pour se développer.

Mgr de La Hailondière reprit avec joie le prêtre qu'il avait envoyé à Chicago et il le nomma au poste de Logansport. C'était une mission importante qui avait eu d'abord à sa tête M. l'abbé François, au zèle duquel était due l'église consacrée par Mgr Bruté. Cette ville, chef-lieu du Cass-County, assise au confluent de l'Eal-River et de l'Wabelh, et traversée par un canal de grande communication entre le lac Érié et le Mississipi, ne datait que de quelques années. On n'y voyait, en 1830, qu'une seule famille de canadiens français perdue au milieu d'une tribu sauvage, celle des Miasmis. Vers 1840, le gros de la population était composé d'ouvriers irlandais employés à creuser l'Wabelh et Érié-Canal et formait une population d'environ 3,000 âmes.

Le missionnaire qui avait précédé l'abbé de Saint-Palais était parvenu, à force de zèle, à former une population sincèrement religieuse. Le Carême était rigoureusement observé et le devoir pascal fidèlement accompli. Les parents se montraient pleins de sollicitude pour l'éducation chrétienne de leurs enfants. Tout paraissait promettre pour un avenir prochain une génération profondément catholique, dont la piété devait offrir un contraste frappant avec cette absence de toute religion qui gagne de plus en plus aux Etats-Unis les masses protestantes.

Mais si au point de vue spirituel la mission était florissante, elle présentait peu de ressources, au point de vue temporel, pour l'entretien du missionnaire. Lorsque les travaux de canalisation étaient en pleine activité, les offrandes des ouvriers irlandais suffisaient pour entretenir le prêtre. Mais avec eux étaient parties toutes ces ressources. « Depuis six mois, écrivait en 1841, M. l'abbé Auguste Martin, missionnaire apostolique, j'ai reçu en tout de la mission entière, en offrande et en casuel, trente-sept dollars. En France, ce serait trop peu; ici, ce n'est rien, ayant un cheval à nourrir et deux jeunes gens, que j'élève pour la mission, à entretenir. A l'heure qu'il est, j'ai pour toute fortune quatre dollars, pas assez pour acheter un baril de farine dont j'ai besoin, et j'ai vingt dollars de dettes (1) ».

Tel était le poste auquel fut appelé l'abbé Maurice de Saint-Palais. Il y rencontra la même détresse et les mêmes travaux que son prédécesseur. Il y apporta le même zèle et la même générosité.

Il trouva dans cette mission une centaine de familles catholiques, la plupart d'origine irlandaise, les unes résidant à Logansport, les autres dispersées dans les forêts et dans les savanes du nord, où elles se livraient à des travaux de défrichement. Les colons avaient établi des fermes sur ces terres achetées au gouvernement, et ils commençaient, après d'incroyables travaux, à élever des trou-

(1) *Annales de la Propagation de la Foi*, 1841.

peaux et à recueillir la quantité de maïs nécessaire à leur entretien. Mais ces commencements étaient pénibles et les ressources restreintes. Le missionnaire, en venant au milieu d'eux, ne pouvait que partager leur misère et n'avait en perspective qu'une vie de privations.

Cette mission, qui avait trente lieues de longueur sur vingt-cinq de largeur, dépassait en étendue nos plus vastes départements. A part Logansport, on comptait, disséminées sur cette vaste surface, quinze villes naissantes, destinées à acquérir dans un avenir prochain une importance réelle. La plus ancienne de ces villes, qui porte un nom français très populaire en Amérique, Lafayette, compte à peine quinze années d'existence, et déjà, avec son commerce actif, ses constructions élégantes et sa population industrieuse, ce serait en France une ville considérable.

On comprend quelle prodigieuse activité dut déployer M. l'abbé de Saint-Palais sur ce vaste théâtre de son apostolat. Il fallut aller visiter les familles des colons, perdues au fond des bois et dans les savanes. Il dut plus d'une fois aller assister des malades à plus de ving-cinq lieues de distance. Il y avait parfois les frimas et la neige à affronter, des rivières débordées à franchir, des périls de tout genre à braver. On était exposé à s'égarer dans ces régions incultes, où aucun sentier n'était tracé. On était quelquefois surpris par l'orage et par la nuit. Le courage de l'abbé de Saint-Palais ne faillit pas plus que sa santé, dans ces rudes épreuves. Il oubliait les fatigues de la route dans l'accueil hospitalier que lui offraient les familles catholiques, quelquefois même les familles protestantes. C'étaient surtout les colons irlandais qui se montraient heureux d'abriter sous leur toit le missionnaire-voyageur. Les enfants l'entouraient avec amour, prenaient sa main qu'ils baisaient avec respect, et les plus jeunes, attirés par ses caresses et son aimable sourire, montaient joyeusement sur ses genoux, joignaient leurs petites mains et récitaient les prières que leur avaient apprises leurs mères.

Pour subvenir aux besoins de la mission et à son propre entretien, au milieu d'une population qui vivait péniblement du produit de son travail, l'abbé de Saint-Palais dut plus d'une fois faire appel à la générosité de sa famille. La charité des siens lui venait en aide pour soutenir une école, procurer à son église les ornements qui lui étaient nécessaires, soulager la misère de quelques pauvres familles et réparer l'état de délabrement de son vestiaire. Que de fois il a regretté de n'avoir pas des ressources plus abondantes pour construire de nouvelles chapelles, recueillir des orphelins sans secours et placer à la tête des écoles quelque congrégation religieuse ! Hélas ! et c'était là la douleur la plus poignante de son ministère, tandis que, à ses côtés, les pasteurs protestants, richement dotés, vivaient dans l'abondance, il se voyait, pour les œuvres qu'il aurait voulu créer, condamné, faute de ressources, à une triste impuissance et à de stériles regrets. Il donnait du moins à ses chères ouailles, pauvres comme lui, quelque chose qui vaut mieux que l'or, l'exemple d'une sérénité et d'une résignation admirable au sein d'un profond dénuement ; et c'était là une prédication éloquente qui touchait les protestants eux-mêmes. Il semait ainsi dans la pauvreté et les larmes, et ses successeurs, plus heureux que lui, ont récolté dans la joie une moisson abondante.

Le séjour de l'abbé de Saint-Palais à Logansport ne fut pas de longue durée. Il le fut assez cependant pour lui gagner tous les cœurs et pour laisser dans cette paroisse une impression vive et profonde. On l'avait vu à l'œuvre ; on avait admiré son zèle et sa charité et on s'était attaché à lui : aussi, lorsqu'on le vit appelé par son évêque à la cure plus importante de Madison, ce fut de toute part comme une explosion de regrets et de doléances. Tout le monde sentait que l'on perdait un père.

## CHAPITRE VII

### L'abbé de Saint-Palais, curé de Madison.

Madison, sur les bords de l'Ohio, en face du Kentucky, entre Indianopolis et Vincennes, chef-lieu du comté de ce nom, était une des principales villes de l'Indiana, tant par son mouvement commercial que par sa population. Le nombre des catholiques était considérable, et ceux-ci pouvaient lutter contre l'influence rivale des sectes dissidentes. Il y avait parmi eux un grand nombre d'ouvriers irlandais, attirés par la construction du chemin de fer qui devait relier cette ville à Indianopolis, la capitale de l'Etat. Ils étaient généreux, fermes dans leur foi, dévoués à l'Eglise. L'abbé de Saint-Palais, arrivait dans cette ville avec le titre de vicaire-général, juste récompense de ses travaux dans les postes qu'il avait occupés. Il y trouva une grande église en pierres, qui était due au dévouement de ses deux prédécesseurs. Le nouveau pasteur eut la joie d'y rencontrer des fidèles prêts à tous les sacrifices pour l'entretien des œuvres paroissiales. Des institutions charitables étaient organisées pour soulager les catholiques indigents. L'église était pourvue de beaux ornements et les cérémonies du culte y étaient célébrées avec une pompe touchante. Il y avait des écoles où les enfants recevaient une éducation chrétienne. Elles devinrent l'objet de la sollicitude de l'abbé de Saint-Palais, qui les visitait avec intérêt, questionnait les jeunes enfants et leur adressait des paroles d'encouragement.

La population catholique de Madison n'était pas disséminée sur une vaste étendue, comme dans les autres paroisses qui avaient été confiées à l'abbé de Saint-Palais, et il n'était pas obligé à entreprendre ces courses continuelles, à travers les grandes prairies et les bois, qui avaient jusqu'alors absorbé tous ses moments. Ayant la plus grande partie de son troupeau réunie sous ses yeux, il pouvait lui consacrer tous les soins de son ministère, s'occuper d'une manière plus suivie de son instruction religieuse et chercher à fortifier le sentiment chrétien dans les âmes. Il avait d'heureuses dispositions pour la chaire, et, s'il avait eu le temps de les cultiver, il aurait pu devenir un prédicateur distingué. Doué d'une voix sympathique, d'une vive imagination, d'une âme ardente, il possédait les qualités qui constituent l'orateur, et il aurait obtenu de grands succès, s'il avait pu féconder ces aptitudes naturelles par de fortes études. Mais condamné à la vie errante de missionnaire, absorbé par les soins matériels du ministère, sans loisirs, sans conseils, il laissait l'étude et les livres pour courir au plus pressé, c'est-à-dire au salut des âmes. C'était là, pour lui comme pour les autres missionnaires, la grande affaire à laquelle ils n'hésitaient pas à tout sacrifier, leur repos, leurs forces et leur santé. Que fallait-il à ces populations simples et ignorantes, à ces colons éloignés de tout centre religieux et qui étaient constamment courbés vers la terre qu'ils arrosaient de leurs sueurs? Ce qu'il leur fallait, ce n'était pas un langage savant, mais une parole simple et convaincue, qui élevât leur âme vers la pensée d'un monde meilleur. Il suffisait d'une parole venant du cœur et empreinte de foi pour les ramener à Dieu.

Mais à Madison, où la culture intellectuelle était plus répandue, il fallait une parole plus cultivée. Les instructions simples et familières que le missionnaire avait adressées aux familles agricoles qui habitaient la campagne ne pouvaient plus suffire aux habitants des villes. Le niveau des intelligences réclamait une instruction plus solide, où la science vint apporter son concours à la foi. La tâche du missionnaire était plus difficile. Il avait à combattre l'indifférence religieuse, qui est la plaie de ceux qui se livrent avec une fiévreuse ardeur au commerce et à l'industrie, et qui se laissent complètement absorber par la préoccupation des intérêts matériels ; il avait à défendre l'Eglise contre les attaques et les mensonges des pasteurs protestants. Il avait aussi à lutter contre l'incrédulité, qui est quelquefois le dernier mot de l'indifférence et du protestantisme.

L'abbé de Saint-Palais comprit toute l'étendue des devoirs que lui imposait son ministère, dans une ville où il avait à protéger la foi de son troupeau contre tant de dangers. Il adopta un genre de prédication qui portât la lumière et la conviction dans les esprits : ce fut une exposition claire, solide, raisonnée des vérités du christianisme. Sans se laisser entraîner aux ardeurs d'une polémique agressive, qui froisse et irrite au lieu de convaincre, il vengea l'Eglise catholique des calomnies injustes répandues contre elle, et, la dégageant des travestissements odieux sous lesquels ses adversaires cherchaient à la présenter, il la montra telle qu'elle est avec la beauté de son symbole, la pureté de sa morale et la sagesse de sa discipline. Il s'attacha surtout à faire ressortir son unité invariable, en face des divisions et des variations incessantes des sectes protestantes qui se morcellent à l'infini, qui modifient chaque jour leur symbole et qui ne savent s'unir que dans une haine commune contre l'Eglise catholique.

Les protestants, qui dans les Etats-Unis se montrent si avides de toute parole nouvelle, vinrent en foule l'entendre et se laissèrent captiver par le charme de son langage. Le prédicateur leur parlait avec beaucoup de charité, et il ne tombait jamais de ses lèvres une parole qui pût les blesser. S'il se montrait sans ménagement pour l'erreur, il était plein de courtoisie et de bienveillance pour les personnes. Aussi bien des préjugés tombèrent, bien des préventions s'évanouirent au souffle de sa parole, et l'Eglise, mieux connue, reçut des hommages auxquels elle n'était pas accoutumée.

Un ministre protestant, jaloux de cet ascendant et craignant de voir diminuer la considération dont il jouissait parmi ses coréligionnaires, céda aux inspirations d'un amour-propre blessé et publia dans un journal une attaque haineuse et violente contre le catholicisme. L'abbé de Saint-Palais crut qu'il était de son devoir de répondre : il prit la plume et il adressa au journal qui avait reproduit l'attaque une réfutation vigoureuse. La polémique se prolongea pendant quelque temps, et le public suivit avec intérêt cette discussion. Mais le pasteur protestant ne tarda pas à comprendre que les sympathies n'étaient pas de son côté, et il se hâta de déserter une lutte où il perdait chaque jour du terrain. Les lecteurs du journal ne cachèrent pas qu'à leurs yeux l'avantage restait au missionnaire catholique, et le rédacteur lui-même dit à l'abbé de Saint-Palais qu'il mettait son journal à sa disposition et qu'il recevrait avec plaisir les communications qu'il voudrait bien lui envoyer.

Ce fut à la suite de ces prédications et de cette discussion que quelques personnes protestantes se présentèrent chez lui et demandèrent à avoir des conférences particulières pour éclairer leurs doutes. Des conversions furent le fruit de ces entretiens, et le missionnaire eut la joie de ramener au bercail quelques brebis égarées.

Tandis que les prédications de l'abbé de Saint-Palais affermissaient la foi des catholiques et produisaient un ébranlement salutaire au sein du protestantisme, son caractère affable et loyal, ses manières franches et ouvertes lui attiraient l'estime et l'affection de tous ceux qui l'approchaient. Les protestants eux-mêmes subissaient le charme de sa personne, et les plus notables d'entre eux entretenaient avec lui des relations pleines de cordialité. Ils l'attiraient chez eux, l'invitaient à leur table, lui donnaient la place d'honneur et le priaient, malgré la présence du ministre protestant, de bénir lui-même le repas. Le prêtre faisait alors le signe de la croix sous les yeux des convives protestants qui l'entouraient, appelait la bénédiction du ciel sur la nourriture qu'on allait prendre et voyait toute l'assistance s'unir à sa prière. Touchant exemple qui montre la puissance du sentiment religieux dans ces familles restées chrétiennes au sein de l'émigration ! L'abbé de Saint-Palais n'hésitait pas à sortir de sa modeste retraite et à accepter quelques rares invitations, lorsqu'il voyait qu'il pouvait en résulter quelque avantage en faveur des intérêts catholiques et des bonnes œuvres.

Une circonstance montra d'une manière éclatante combien il était populaire dans la ville de Madison. Dans une de ses courses, la voiture qui le transportait versa et il fit une chute malheureuse, accompagnée de fortes meurtrissures et de la luxation d'une épaule. Dès que la nouvelle de cet accident fut connue, tous les habitants, sans distinction de culte, catholiques et protestants, s'empressèrent de venir demander de ses nouvelles et de lui témoigner, par leurs visites réitérées, la vive part qu'ils prenaient à l'accident qu'il venait d'éprouver.

Un autre fait atteste combien était grand l'attachement qu'avaient pour lui ses paroissiens. Les parents aimaient à donner aux nouveau-nés qu'ils présentaient au baptême le nom de leur pasteur bien-aimé, et la plupart des enfants portaient le nom de *Maurice*, montrant ainsi combien ce nom leur était cher. Il leur semblait que par ce nom ils entraient dans la famille de leur dévoué missionnaire, qu'ils lui appartenaient d'une manière plus intime et qu'ils avaient ainsi bien plus le droit de l'appeler leur père.

Mais si les enfants portaient avec fierté le nom du prêtre qui avait versé sur leur front l'eau sainte du baptême, les parents conservaient son portrait dans l'intérieur de leurs demeures, à une place d'honneur, comme un souvenir de famille. Ils rivalisaient entre eux de dévouement et d'affection pour ce prêtre français, qu'ils étaient si fiers de voir à la tête de leur paroisse. Quels témoignages de respect et d'attachement quand ils le rencontraient! Comme ils s'empressaient de le saluer et comme ils s'estimaient heureux d'avoir recueilli en passant une de ses bonnes paroles, une de ses affectueuses poignées de main! Avec quelle joie les enfants se pressaient autour de lui, et comme ils étaient contents d'avoir obtenu une de ses caresses, un de ses sourires! Partout où il passait c'était un continuel échange de saluts et de marques de sympathie.

Aussi les habitants de Madison auraient désiré le conserver toujours au milieu d'eux, et il leur semblait, dans l'illusion de leur attachement, qu'il ne devait jamais les quitter. Il avait pris leur langue, leurs habitudes, leur manière de vivre. Il s'était fait citoyen des Etats-Unis, et ce pays était devenu pour lui sa patrie d'adoption. Il admirait l'ardeur avec laquelle cette nation jeune et confiante se jetait dans les entreprises les plus hardies et faisait en quelque sorte sortir du sol des cités populeuses là, où quelques années auparavant on ne voyait qu'une terre inculte. Il applaudissait au prodigieux développement de son industrie et de son commerce, et saluait, avec l'enthousiasme d'un véritable Yankee, la prospérité et la grandeur du peuple américain. Il n'oubliait pas cependant sa patrie : son cœur était resté français ; il parlait avec amour de la France et il la faisait aimer autour de lui, en montrant dans sa personne l'esprit chevaleresque et les sentiments nobles et généreux de la France chrétienne.

Un de ses aïeux maternels, vers la fin du siècle dernier, s'était enrôlé dans les rangs de la noblesse française et avait été combattre pour l'indépendance de l'Amérique du Nord. Il s'était bravement battu et il était glorieusement tombé sur un de ces champs de bataille que les volontaires français avaient arrosés de leur sang. L'abbé de Saint-Palais, un demi-siècle après, continuait sur le sol affranchi de l'Amérique les glorieuses traditions de sa famille et montrait un égal dévouement ; au lieu de l'épée de son aïeul maternel, Roquefeuil de Raynaud, il portait l'arme pacifique de la croix, et, d'un cœur non moins généreux, il donnait pour l'Amérique sa patrie qu'il avait quittée, ses courses, ses fatigues, ses sueurs, jusqu'à sa propre vie, car il est mort au service des âmes.

## CHAPITRE VIII

### Démission de Mgr de la Hailandière. Nomination de Mgr Bazin et sa mort.

Le catholicisme faisait chaque jour de nouveaux progrès dans l'Indiana. Grâce au dévouement de l'évêque et des missionnaires, de nouveaux centres religieux étaient créés ; on construisait de nouvelles églises et d'autres ouvriers évangéliques venaient seconder les efforts des premiers apôtres. On en comptait déjà quarante-cinq dans les diverses stations : cinquante-et-une églises ou chapelles, répandues sur les divers points du territoire, étaient ouvertes au culte catholique ; le séminaire réunissait déjà vingt élèves, espérance du diocèse, et deux congrégations de femmes donnaient une éducation chrétienne aux jeunes filles ; c'étaient les sœurs de la Providence que Mgr de la Hailandière avait amenées de France, et les sœurs Franciscaines établies par l'abbé Rudolf pour élever les enfants appartenant aux familles allemandes. Les prêtres de la société de Notre-Dame de Sainte-Croix-du-Mans avaient fondé à l'Ile Sainte-Marie, un des plus beaux sites de l'Indiana, un collège qui portait le nom de Notre-Dame-du-Lac. On y comptait trente élèves qui auraient vainement cherché à plus de soixante lieues à la ronde le bienfait d'une éducation chrétienne. A côté s'élevait un orphelinat, et sur les rives de ce lac, couvertes d'épaisses forêts, le travail de l'homme avait opéré par le défrichement une transformation merveilleuse.

Non loin de ce collège, à cinq lieues de distance, se trouvait une tribu de sauvages confiée aux soins des missionnaires de Sainte-Croix. « J'arrive et je bénis le ciel, écrivait en 1845 le père Sorin, de me ramener au milieu de mes chers néophytes. Jusqu'à l'hiver dernier c'était une bande d'ivrognes et de voleurs, le scandale et la terreur du voisinage. Depuis leur baptême ce ne sont plus les mêmes hommes : tout le monde admire leur sobriété, leur humilité, leur douceur et surtout leur assiduité à la prière. Leurs cabanes retentissent continuellement de pieux cantiques. C'est un mystère pour moi, me disait tout à l'heure un vieux chrétien d'origine canadienne, que le spectacle de ces Indiens tels qu'ils sont aujourd'hui. Croiriez-vous que j'ai vu de mes yeux ces mêmes sauvages livrant au pillage et aux flammes les habitations des blancs, saisissant les petits enfants par un pied et leur écrasant la tête contre la muraille, ou les jetant dans des chaudières bouillantes ! Et maintenant, à la vue d'une robe noire, ils tombent à genoux, baisant sa main comme celle d'un père : ils nous font rougir de nous-mêmes (1). »

L'armée des Etats-Unis pouvait bien, après de grands efforts, refouler les sauvages dans leurs forêts et leur imposer ses lois. Mais il n'appartenait qu'aux missionnaires de changer ces cœurs farouches et d'en faire des hommes, en en faisant des chrétiens.

Emigrés et sauvages, colons et indiens, tous obéissaient docilement à l'impulsion de l'évêque et de ses prêtres qui ne s'épargnaient pas dans ces rudes labeurs, et les vertus chrétiennes commençaient à fleurir sur cette terre, jusqu'alors inculte, que fécondaient chaque jour les sueurs des missionnaires.

Mais les forces de Mgr de la Hailandière s'étaient usées dans ce laborieux ministère. Sa santé, altérée sous l'influence d'un climat contraire, ne lui permettait plus de suffire à la tâche qui lui avait été confiée et de rester à la tête d'un aussi vaste diocèse. Sentant sa vigueur première diminuer tous les jours, il supplia le Souverain-Pontife de le délivrer d'un fardeau devenu trop lourd pour ses épaules. Pressé par ses instances, le Saint-Père accepta sa démission, et Mgr de la Hailandière rentra en France, laissant ce diocèse à un successeur plus vigoureux, et allant se livrer dans sa retraite, au fond de la Bretagne, à cette vie de recueillement et de prières qui

(1) *Annales de la Propagation de la Foi*, 1845.

couronne si bien les travaux d'un pénible apostolat. Mais en s'éloignant de l'Indiana, il ne devait pas être entièrement perdu pour ce diocèse, et il continua à demander à Dieu, dans ses prières, de bénir son ancien troupeau resté toujours cher à son cœur de pontife.

Le 25 mai 1847 on apprit à Vincennes que Pie IX, entrant dans les vues de Mgr de la Hailandière, avait consenti à lui donner un successeur et que Mgr Bazin était désigné pour occuper le siège qu'il laissait vacant.

Le nouvel évêque, originaire de Lyon, était depuis trente-cinq ans auprès de Mgr Portier, évêque de Mabile, dans l'État d'Alabama, qui ne consentit, qu'avec les plus vifs regrets, à se séparer de son cher grand vicaire.

« Enfin, Dieu nous a envoyé un nouvel évêque, écrivait à sa famille une religieuse de Sainte-Marie-des-Bois, la sœur François-Xavier ; c'est Mgr Bazin. Nous l'avons vu quelques heures. Il nous a très bien reçues et a paru reconnaissant de notre petite visite. Le lendemain, il est venu à notre maison ; il a demandé nos enfants, leur a parlé avec bonté, puis les a envoyées jouer, après leur avoir donné sa bénédiction. Il paraît excellent ; il est franc, simple et vif, et a beaucoup des manières du bien-aimé Mgr Bruté (1). »

L'évêque élu reçut la consécration épiscopale dans la cathédrale de Vincennes, le 24 octobre 1847, des mains de Mgr Portier, qui s'estima heureux de répandre l'onction sainte sur la tête de son ancien et regretté grand vicaire. Il fut assisté dans cette cérémonie par Mgr Purcell, évêque de Cincinnati et par Mgr de la Hailandière, qui tint à donner, avant son départ, cette marque d'affection à son successeur.

Le nouvel évêque adressa la parole, après la cérémonie, à ses nouveaux diocésains, et dans son émotion, il ne put contenir ses larmes. L'émotion de l'assistance répondit à la sienne, et son langage simple et touchant lui gagna tous les cœurs.

Mgr de la Hailandière engagea son successeur à appeler auprès de lui pour grand vicaire l'abbé de Saint-Palais, curé de Madison,

(1) *Une femme apôtre,* ou vie et lettres de sœur François-Xavier.

dont il avait pu apprécier le mérite et le talent dans les divers postes qui lui avaient été confiés. En apprenant cette nouvelle, celui-ci s'empressa d'accourir à Vincennes, afin de conjurer Mgr Bazin de ne pas lui imposer un fardeau aussi redoutable. En entrant chez son évêque, il le vit à genoux, baigné de larmes, courbant avec résignation la tête devant le sacrifice qu'il venait d'accomplir. A la vue de l'abbé de Saint-Palais, Monseigneur se releva et ouvrant ses bras, il le pressa contre son cœur et le conjura de ne pas refuser de l'aider à porter la charge si lourde qu'il venait d'accepter. « Je viens de quitter, lui dit-il, celui qui était pour moi le meilleur des pères : Me refuserez-vous de devenir mon ami? » L'abbé de Saint-Palais ne put résister à d'aussi vives instances : vaincu par l'affection et les larmes de son évêque, il consentit à briser les liens qui l'attachaient à sa chère paroisse de Madison et à accepter les fonctions de grand vicaire.

Ce ne fut pas sans les plus vifs regrets qu'il dit adieu à ses chers paroissiens. Après avoir administré avec de grandes fatigues plusieurs paroisses, il comptait avoir planté pour toujours sa tente à Madison qu'il considérait comme le lieu de son repos. Il s'était attaché aux œuvres qu'il avait entreprises et il espérait jouir du fruit de ses travaux. Mais l'obéissance l'emporta sur les regrets, et lui qui avait tout quitté pour suivre Mgr Bruté, il accomplit un nouveau sacrifice pour répondre à l'appel de son nouvel évêque.

Mgr Bazin, qui avait promis le jour de son sacre de se dépenser sans réserve pour ses diocésains, voulut prêcher lui-même, avec le concours de son vicaire général, le carême de 1848 dans sa cathédrale. Ses prédications et celles de l'abbé de Saint-Palais attirèrent un nombreux auditoire et remuèrent puissamment les cœurs. Le prélat, en descendant de chaire n'hésitait pas à recevoir les confessions de tous ceux qu'avaient ébranlés sa parole, et bien des pécheurs, touchés par sa bonté autant que par son zèle, vinrent se jeter à ses pieds. Il y eut au sein des catholiques un grand mouvement religieux, et les tribunaux de la pénitence furent constamment assiégés. Ces heureuses dispositions promettaient une moisson abondante pour la fête de Pâques, lorsque Mgr Bazin tomba soudainement malade. Un rhume qu'il avait d'abord négligé dégénéra en fluxion de poitrine. La maladie prit bientôt un caractère de gravité alarmant et le prélat fut condamné à garder le lit.

La supérieure de Sainte-Marie-des-Bois, la mère Théodora, qui se trouvait dans ce moment à Vincennes et qui venait de visiter l'auguste malade, ne cachait pas les craintes que lui inspirait son état. « Je viens, écrivait-elle à ses sœurs, de passer quelques instants près de lui..... je n'espère plus. Il prie sans cesse, et en le voyant si pieux, si édifiant, je pense que notre bon évêque est un fruit mûr pour le ciel. »

L'abbé de Saint-Palais, que cette maladie plongeait dans la désolation la plus profonde, se tenait constamment au chevet de son évêque, l'entourant des soins les plus dévoués, s'unissant à ses prières, cachant sa propre émotion et s'édifiant du spectacle de sa piété et de sa résignation.

Une des préoccupations les plus douloureuses du prélat sur son lit de mort était de laisser inachevées les confessions des personnes qui s'étaient adressées à lui. Il y avait des hommes qui avaient vécu, pendant de longues années, éloignés des pratiques chrétiennes, et il regrettait amèrement de laisser imparfait l'ouvrage de leur conversion. « Ah! mes pauvres pécheurs, s'écriait-il avec un accent de douleur, si je pouvais vivre encore quelque temps pour achever de les confesser et de les réconcilier avec Dieu! »

Mais il se reprocha bientôt comme une faute le désir qu'il venait d'exprimer. « Demandez pour moi pardon à Dieu, dit-il aux prêtres qui l'assistaient, de la faute que je viens de commettre. J'ai succombé à la tentation : j'ai désiré de vivre. »

Ce fut le jour de Pâques qu'il rendit son âme à Dieu, entre les bras de son grand vicaire. Ainsi cette fête qui apporte la joie au monde chrétien, fut un jour de deuil pour l'Église de Vincennes. Toute la ville le pleura comme si elle l'avait connu depuis de longues années. Les six mois de son épiscopat avaient suffi pour lui attacher tous les cœurs. Les protestants s'associèrent à la douleur des catholiques et assistèrent avec eux aux funérailles du saint évêque qui emportait dans sa tombe, avec les regrets de tout le diocèse, les grandes espérances que faisaient concevoir les débuts de son administration épiscopale.

Voici en quels termes une religieuse de Sainte-Marie-des-Bois, la sœur François-Xavier, annonçait à ses parents de France cette douloureuse nouvelle. C'est comme l'oraison funèbre du regretté prélat. « Le bon Dieu, dit-elle, nous a terriblement affligées en nous enlevant notre saint, notre bon, notre tendre évêque, Mgr Bazin. Il nous l'avait donné, il nous l'a ôté ; que son saint nom soit béni ! J'avoue que j'ai senti ce coup bien vivement. J'ai pleuré sa mort avec toutes mes larmes, car je pleurais sur notre congrégation, sur le diocèse et sur tous les catholiques de l'Indiana, qui, comme nous, perdent un père. Je ne me souviens pas d'avoir connu un cœur plus véritablement charitable et plus affectionné..... Le jour de sa mort, Vincennes était une ville d'affliction ; catholiques et protestants, tous sanglotaient. Les marques de vénération qui ont accompagné ses funérailles ont été si universelles, qu'on ne peut douter qu'il ne soit au ciel (1). »

Après les funérailles qui furent présidées par Mgr Peter Kenrick, archevêque de Saint-Louis, assisté de Mgr Purcell, alors évêque de Cincinnati, le clergé qui avait assisté à la cérémonie se réunit autour des deux prélats et leur exprima le désir que M. l'abbé de Saint-Palais, qui avait été nommé administrateur du diocèse par son évêque mourant, fût présenté au Saint-Siège pour recueillir la succession de Mgr Bazin qui lui avait donné, avec son affection, toute sa confiance. Les deux évêques accueillirent favorablement cette demande, et l'archevêque de Saint-Louis promit de l'appuyer de tout son pouvoir auprès du Saint-Père. Sa Sainteté Pie IX agréa ses vœux et ceux du clergé du diocèse, et M. l'abbé de Saint-Palais fut nommé, vers la fin de l'année 1848, au siège de Vincennes. Il avait trente-sept ans et il comptait douze ans de ministère dans les missions.

(1) *Vie et lettres d'Irma Le Fer de la Motte, sœur François-Xavier.*

## CHAPITRE IX.

### Consécration de Monseigneur de Saint-Palais. — État du diocèse de Vincennes.

Le clergé et les fidèles du diocèse éprouvèrent une grande joie en apprenant la nomination de Monseigneur de Saint-Palais. On connaissait sa nature franche et droite, son esprit conciliant, son ardeur pour le bien. On l'avait vu à l'œuvre; on savait les vives sympathies qu'il avait laissées partout où il était passé, et on se disait qu'on allait retrouver dans le nouvel évêque un ami et un père.

Monseigneur Jacques-Marie-Maurice d'Aussac de Saint-Palais, reçut la consécration épiscopale à Vincennes, le 14 janvier 1849, fête du saint nom de Jésus, des mains de Monseigneur Miles, évêque de Nashville dans le Tennessé. Le prélat consécrateur fut assisté de Mgr Spalding, évêque de Louisville, et de M. l'abbé Dupontavice, du clergé de Vincennes. Les prêtres, malgré la rigueur de la saison, étaient accourus des divers points de l'Indiana, et tous saluèrent avec amour le nouveau pasteur qui leur était donné. Le bon évêque les embrassa avec émotion et leur demanda le secours de leurs prières pour que le Seigneur bénît son nouveau ministère. Il rappela le souvenir de ses honorables prédécesseurs qui était toujours vivant au fond de son cœur, et il promit de marcher sur leurs traces et d'aimer comme eux cette grande famille diocésaine qui venait de lui être confiée. Il s'engagea, comme Monseigneur Bazin, dont il avait vu de près le dévouement, à se faire tout à tous et à se consacrer sans réserve au bien de son troupeau.

Les évêques qui avaient assisté au sacre de Mgr de Saint-Palais rencontrèrent les plus grandes difficultés pour rentrer dans leurs diocèses. De Nashville à Vincennes, il y avait cent lieues de distance par la voie ordinaire et on les franchissait en huit jours. Mais c'était au cœur de l'hiver, et leur retour, dans cette saison, fut entravé par toute sorte d'obstacles. Le froid était devenu très intense, et une grande rivière — Lohite-River — qu'ils avaient à franchir, se trouva prise par la glace. Le bac, sur lequel on transportait la voiture d'une rive à l'autre, ne fonctionnait plus. Force fut pour les voyageurs de rentrer à Vincennes. Cet état pouvait se prolonger pendant plusieurs mois et on comprend la légitime impatience des deux prélats en se voyant ainsi retenus par les rigueurs de l'hiver loin de leurs ouailles. Ils apprirent qu'on avait brisé la glace pour frayer un passage au bac à travers la rivière. On ne put faire passer qu'un canot indien, c'est-à-dire un tronc d'arbre creusé. Les évêques y prirent place, et en abordant sur la rive opposée, ils trouvèrent pour tout véhicule une forte caisse plantée solidement sur deux roues, qui servait de malle-poste pour le transport des lettres. Les prélats y prirent place et deux forts chevaux les traînèrent pas à pas sur une route impraticable pour une voiture plus confortable. Le trajet fut très pénible, et les voyageurs eurent à endurer un froid de vingt degrés au-dessous de zéro. Arrivés sur les bords de l'Ohio, ils trouvèrent de nouveaux obstacles, le fleuve charriait d'énormes glaçons, et la navigation était périlleuse. L'intrépidité des deux prélats surmonta cette nouvelle difficulté, et ce ne fut qu'après avoir couru de graves dangers et supporté de grandes souffrances qu'ils arrivèrent au terme de leur voyage. Mgr Spalding, mort évêque de Baltimore et primat des Etats-Unis, aimait à raconter les terribles épreuves de ce voyage à travers les glaces et les frimas. Ce détail fait parfaitement comprendre tout ce qu'avait de rude et de pénible la vie des missionnaires et des évêques en Amérique.

La ville de Vincennes, la résidence épiscopale de Monseigneur de Saint-Palais, est agréablement située sur les bords de l'Wabash, rivière large et profonde qui traverse son territoire avant de se jeter dans l'Ohio, qui est lui-même tributaire du Mississipi. Vincennes n'a pas pris le même développement que d'autres cités de l'Indiana, parce que ce n'est pas de ce côté que s'est dirigé le flot de l'émigration. Quoique sa large rivière soit sillonnée par les *steammer* et que les chemins de fer qui traversent l'Indiana la mettent en communication avec les autres Etats, sa population ne dépasse pas le chiffre de cinq mille habitants. La ville est bien bâtie ; ses rues sont droites et chaque maison est entourée d'un jardin anglais. Une verte pelouse forme une ceinture autour de chaque église, et cette heureuse disposition donne à Vincennes un aspect qui charme les regards.

L'Etat de l'Indiana, qui tire son nom des nombreuses tribus d'Indiens qui habitaient autrefois ses savanes et ses forêts, forme une immense plaine bordée par quelques collines qui s'élèvent le long de l'Ohio. Si les froids de l'hiver sont très rigoureux, les chaleurs de l'été sont aussi très grandes. La température est un peu rafraîchie par les vents du nord. Cette contrée est ombragée de magnifiques chênes, de grands noyers et d'autres arbres de haute futaie. Sur de vastes plaines dont l'œil peut à peine mesurer l'étendue, s'élèvent d'immenses forêts avec une grande variété d'essences, où manquent cependant le sapin, l'érable et le hêtre de nos montagnes.

« Nous voici, dit M. de Tocqueville dans son voyage aux États-Unis, au milieu d'une de ces forêts profondes du Nouveau-Monde, dont la majesté sombre et sauvage saisit l'imagination et remplit l'âme d'une sorte de terreur religieuse. Sur un terrain marécageux, où mille ruisseaux que n'a point encore emprisonnés la main de l'homme, courent et se perdent en liberté, la nature a semé pêle-mêle et avec une incroyable profusion le germe de presque toutes les plantes qui rampent sur la terre ou s'élèvent au-dessus du sol. Sur nos têtes s'étend un dôme de verdure : au-dessous de ce voile épais l'œil aperçoit une immense confusion, une sorte de cahos, des arbres de tous les âges, des feuilles de toutes les nuances, des herbes, des fleurs de mille espèces, entremêlés, entrelacés dans les mêmes lieux. Des générations d'arbres se sont succédé sans interruption depuis des siècles, et la terre est couverte de leurs débris. Les uns semblent abattus d'hier ; d'autres se décomposent et servent d'engrais à leurs rejetons. Mille plantes diverses se hâtent de se faire jour à leur tour. C'est comme une lutte entre la vie et la mort. »

« C'est au milieu de ces imposantes solitudes que nous marchions pendant plusieurs heures, à la clarté d'un jour douteux, sans entendre d'autre bruit que celui que faisaient nos chevaux en foulant sous leurs pieds les feuilles entassées par plusieurs hivers, ou en se frayant péniblement un passage à travers les branches desséchées qui couvraient le chemin. Enfin, nous entendîmes retentir les premiers coups de hâche qui annonçaient au loin la présence de l'homme. Les arbres abattus, les troncs noircis et brûlés, quelques plantes utiles à la vie de l'homme, semées au milieu de ce mélange confus de débris divers, nous guidaient jusqu'à l'habitation du pionnier. Au centre d'un cercle restreint que le fer et le feu avaient tracé, s'élevait la grossière demeure du précurseur de la civilisation : c'est le *lag house*, ou maison de bûches. Les murs ainsi que les toits sont formés de troncs d'arbres non équarris, entre lesquels on met des mottes ou de la terre pour empêcher le froid ou la pluie de pénétrer à l'intérieur. Telle est la maison du planteur, l'hôte aventureux de ces vastes solitudes (1). »

L'Indiana offrait encore cet aspect et était couvert d'épaisses forêts à l'époque de l'arrivée de M. l'abbé de Saint-Palais. L'intrépide missionnaire, dans ses courses apostoliques, avait eu souvent à fouler un sol marécageux, couvert de troncs vermoulus et de couches de feuilles entassées par les hivers. Plus d'une fois il s'était arrêté, dans ses longues pérégrinations, à la maison de bûches, *lag house* des colons perdus dans ces solitudes. Des clochettes suspendues au cou des bestiaux pour les retrouver dans l'épaisseur des forêts, annonçaient l'approche du défrichement. Bientôt il entendait le retentissement de la hâche qui abattait les grands arbres : Des branches coupées indiquaient le chemin ; les troncs à demi-calcinés par le feu ou mutilés par le fer, jalonnaient en quelque sorte le sentier. A mesure qu'il approchait, la scène devenait plus animée. Avertis par le bruit de ses pas, les enfants venaient à sa rencontre : de gros chiens à demi-sauvages, les oreilles droites, le museau allongé, le poil fauve, semblables à des renards, sortaient en grondant, annonçant la présence du visiteur, et la famille du colon s'empressait pour lui offrir l'hospitalité.

Le pionnier s'était enfermé dans les profondeurs des forêts avec sa famille et sa hâche. Cet habitant des bois était le représentant

(1) M. Alexis de Tocqueville. — *Voyage aux États-Unis*.

de cette race inquiète, remuante, à qui appartient l'avenir du Nouveau-Monde, qui marche à l'acquisition des richesses avec une persévérance, un mépris de la vie qu'on pourrait appeler héroïque, si ce nom convenait à autre chose qu'à ce qui est vertueux, devant qui les arbres tombent, les savanes se couvrent de troupeaux et de moissons, et qui, privé de rapports habituels avec ses semblables, est arrivé à se faire une joie et un bonheur dans la solitude.

Après un séjour de douze ans, lorsque M. l'abbé de Saint-Palais devint évêque de Vincennes, l'aspect de l'Indiana commençait à changer : les forêts tombaient peu à peu, le défrichement s'étendait chaque jour sous la pioche du pionner. Des fermes nombreuses, des villes même s'élevaient déjà là où l'on ne voyait auparavant que des forêts. Des canaux et des voies ferrées reliaient entre elles ces cités naissantes et contribuaient au développement de la population et du commerce.

On sait que le peuple américain est formé des émigrés de toute les nations de l'Europe. La persécution religieuse lui a donné ses colonies de proscrits ; la politique lui a jeté ses victimes, la misère, les pauvres déshérités de la vieille société : ces pauvres exilés volontaires s'empressent de quitter une société qui n'a plus ni pain, ni repos à leur donner.

En tête de ces peuplades émigrantes marchent les Irlandais. Enfants d'une nation catholique, qui n'est pauvre que parce qu'on l'a dépouillée, ils fuient la famine qui les décime et ils vont demander à un rude travail sur des plages lointaines, un peu de pain pour nourrir leurs familles. Sous quelques cieux qu'ils s'exilent, que ce soit sur les rivages de l'Australie ou du Nouveau-Monde, nulle part ils ne perdent l'amour de leur foi. On dirait qu'il a plu à la divine Providence de les disperser comme une semence de chrétiens au milieu des nations les plus lointaines. Ce sont eux qui ont fourni aux États-Unis une grande partie de sa population catholique, et qui versent chaque année dans ces contrées un tribut de cent cinquante mille âmes.

L'Allemagne va aussi chercher le travail et la paix dans les forêts américaines. Elle fournit près de quatre-vingt mille colons par an, surtout dans l'Ohio et l'Indiana. Chez eux la patrie absente conserve toujours un culte filial : ils aiment à se grouper dans la même province pour s'entre-secourir, à graver sur tout ce qui les entoure, sites, hameaux, chapelles, l'empreinte de leurs patriotiques souvenirs. Le premier arbre abattu de la forêt sert à former une croix ; de ses branches entrelacées on construit l'oratoire ; le soir venu, la jeune colonie, agenouillée au pied d'un autel catholique, fait la prière en commun, et le village, né sous d'aussi heureux auspices, grandit et prospère.

A ces deux sources principales de l'émigration, la France, la Belgique et l'Italie apportent un faible contingent, et c'est de ces divers éléments que se compose la population des États-Unis (1).

C'est l'élément irlandais qui domine dans l'Indiana, et c'est celui qui donne aux missionnaires les consolations les plus abondantes. Sincèrement dévoué à la foi de ses pères, l'Irlandais porte un attachement filial à ses prêtres. Pauvre lui-même et vivant du produit de son travail, il trouva dans sa pauvreté de quoi soutenir ses pasteurs et pourvoir à l'entretien du culte. C'est à la vigueur de leurs bras que sont dûs les grands travaux de colonisation, le défrichement des bois, l'exécution des canaux de navigation et des chemins de fer. Ils sont près de trois millions. Leur nombre, qui grandit tous les jours, amènera tôt ou tard le triomphe du catholicisme dans l'Amérique du Nord. Aux États-Unis comme dans les colonies anglaises l'avenir est aux Irlandais.

Le versement annuel qu'amène l'émigration sur le territoire des États-Unis atteint le chiffre de 300,000 colons. Sur ce nombre, qui s'est parfois élevé jusqu'à 4 ou 500,000, plus des trois-cinquièmes sont catholiques. C'est donc de 200 à 250,000 enfants adoptifs que l'Europe envoie chaque année à l'Eglise américaine. Aussi la plus grande sollicitude de celle-ci est-elle d'aller au-devant de ces frères qui sont exposés aux plus graves dangers. Ils arrivent, à peu d'exception près, dénués de ressources. A ces familles pauvres, il faut des églises et des pasteurs ; à leurs enfants, l'instruction, le pain spirituel, souvent la nourriture du corps. En mettant le pied sur le ter-

(1) *Annales de la Propagation de la Foi.*

ritoire de l'Union, les émigrés catholiques, privés de tout secours et tombant au milieu des masses du protestantisme, sont exposés à y perdre leur foi, comme l'eau du ciel perd sa douceur en tombant dans les mers. Ils deviennent trop souvent la proie des sectes ennemies qui leur offrent un appui perfide et cherchent à les entraîner à prix d'argent dans l'apostasie. Longtemps le dénuement des pauvres émigrants a fait le deuil de l'Eglise par les défections qu'il enfantait.

Une si triste situation devait être l'objet des vives préoccupations de l'épiscopat américain à qui la gravité du mal arrachait un cri de douleur. Ce fut l'objet de l'active sollicitude des premiers évêques de Vincennes, qui recevaient dans leur vaste diocèse une grande partie des émigrants irlandais et allemands. Monseigneur de Saint-Palais, puissamment secondé par ses prêtres, chercha à leur procurer tous les secours religieux que réclamait leur état. Il plaça à leur tête des prêtres qui parlaient leur langue et par ses soins des chapelles furent érigées et des écoles furent ouvertes pour recueillir l'enfance et la soustraire au danger qui menaçait sa foi. Car c'est surtout en Amérique, en face de l'activité du prosélytisme des sectes protestantes, que les évêques doivent être des sentinelles vigilantes, l'œil toujours ouvert sur leur troupeau pour le protéger contre les influences dangereuses qui l'assiègent.

## CHAPITRE X

### Situation religieuse des catholiques aux Etats-Unis. — Les premiers missionnaires de Vincennes.

Avant de suivre Mgr de Saint-Palais dans la première visite pastorale de son diocèse, nous devons faire connaître la situation religieuse des catholiques aux Etats-Unis et les diverses épreuves qu'ils ont dû traverser avant d'arriver à la possession complète de la liberté dont ils jouissent aujourd'hui.

Le catholicisme à ses débuts n'a rencontré dans les Etats du Nord que la persécution. Plusieurs écrivains modernes et quelques-uns même de nos hommes d'État prétendent que la liberté de conscience est un principe éminemment protestant, qu'elle est le fruit du libre examen proclamé par les Réformateurs du XVI° siècle. C'est une grave erreur. Le protestantisme, partout où il a dominé, n'a su qu'opprimer ses adversaires. Les édits de proscription de l'Angleterre et des Etats du Nord de l'Europe contre les catholiques l'attestent avec une trop douloureuse évidence.

Il en a été de même aux Etats-Unis. C'est le catholicisme qui a eu la gloire d'inaugurer la liberté religieuse dans le Nouveau-Monde, au milieu de l'intolérance des sectes protestantes, tandis que la honte de l'avoir brutalement chassée du seul asile qu'avaient pu lui ouvrir les catholiques, retombe sur le protestantisme américain et pèse sur lui comme un souvenir d'ignominie.

En 1633, deux cents familles catholiques anglaises, fuyant la persécution religieuse qu'elles subissaient au sein de leur patrie, franchirent l'Atlantique et se fixèrent dans le Maryland, sous la conduite de lord Baltimore. La ville qu'ils fondèrent et à laquelle ils donnèrent le nom de leur chef devait être un jour la métropole d'une grande Eglise. « Dans l'Etat dont il fut le fondateur, dit l'historien protestant des États-Unis, lord Baltimore mérite un rang parmi les législateurs les plus sages. Il fut le premier, dans l'histoire du monde chrétien, à chercher la tranquillité religieuse et la paix dans la pratique de la justice et à vouloir des institutions populaires appuyées sur la liberté de conscience. Ce coin de terre fut le premier asile de la liberté de conscience (1) ». En effet, tandis que tout autour, les mille sectes de la Réforme, installées les premières dans ces contrées sous le pavillon de la Hollande et de la Grande-Bretagne, s'armaient les unes contre les autres d'édits de proscription et de pénalités cruelles, la jeune colonie catholique de Baltimore offrit au Nouveau-Monde un exemple unique de charité chrétienne, en accordant l'asile de son territoire et l'égalité de ses droits aux opprimés de tous les cultes. Mais qui le croirait ? cette

(1) Georges Bancroft. *History of the United-States*.

hospitalité généreuse ne fut payée que par la plus noire ingratitude. Accueillis au Maryland comme des frères, les protestants y accoururent en si grand nombre qu'ils furent bientôt les maîtres. Or, le premier usage qu'ils firent de leur prépondérance fut de se tourner contre leurs bienfaiteurs et de persécuter la Religion qui seule avait eu pitié de leurs infortunes. Par la plus révoltante des iniquités, ils les privèrent de leurs droits civils, politiques et religieux, et ce sera l'éternel opprobre des protestants du Maryland d'avoir confisqué les biens de leurs hôtes, d'avoir proscrit leurs prêtres et d'avoir poussé la barbarie jusqu'à leur ravir leurs enfants. « De la sorte, écrit un historien protestant, dans une colonie fondée par des catholiques, et qui avait acquis, sous le gouvernement d'un catholique, puissance et prospérité, le catholique seul devint la victime de l'oppression religieuse (1) ».

La palme de l'intolérance appartient d'abord aux Puritains et ensuite aux Episcopaliens et aux Presbytériens, sectes haineuses et oppressives qui faisaient assaut entre elles de violence et de cruauté. La confiscation, la prison, le bannissement, les peines les plus sévères furent édictées contre les catholiques. Ils leur appliquaient cette mesure spoliatrice qui rappelle ce vers connu :

La maison est à nous ; c'est à vous d'en sortir.

Ce fut la Pensylvanie, l'asile des quakers, la secte inoffensive par excellence, qui offrit un refuge aux catholiques persécutés du Maryland. Cette colonie, fondée en 1682, par Guillaume Penn, fils d'un amiral anglais, ouvrit ses portes à tous les persécutés. Ayant connu elle-même les épreuves de la persécution, elle se sentait portée à compatir aux souffrances de ceux qui traversaient les mêmes épreuves.

Ainsi jusqu'en 1776, époque de l'émancipation des colonies anglaises et de la déclaration de l'Indépendance, il n'y avait pas dans les États protestants de l'Amérique du Nord, à l'exception de la Pensylvanie, une seule législation libérale pour les catholiques, un

(1) Mac-Mahon. *Histoire du Maryland.*

seul point de territoire où ils ne fussent opprimés. Eux seuls avaient donné la liberté religieuse à ces contrées ; eux seuls étaient persécutés. C'est ainsi que les protestants payaient le bienfait de l'hospitalité qu'ils avaient reçue.

Ce fut le secours que la noblesse française prêta aux États-Unis dans leur lutte contre l'Angleterre, qui amena la liberté de l'Eglise Catholique. En même temps que les États avaient conquis leur indépendance, le Catholicisme conquit aussi sa liberté. Ce fut un beau spectacle que présenta l'Eglise Catholique de Philadelphie lorsque, à la fin de la guerre, le *Te Deum* retentit sous ses voûtes en actions de grâces de la victoire. Le Congrès tout entier y assistait, ainsi que le Sénat et la Législation de l'État. On voyait le président Washington, ayant à ses côtés le marquis de Lafayette, son aide de camp, et les principaux officiers de la noblesse française qui avaient mis leur épée au service de l'Amérique, les Noailles, les d'Estaing, les Saint-Simon, les Chastellux, les Rochambeau, les Biron, les Brancas et tant d'autres. Quel changement dans ce pays où peu d'années auparavant c'était un crime de dire la messe ! Quel fanatisme, quels préjugés auraient pu tenir devant ce sentiment unanime de gratitude pour la nation généreuse qui avait donné à la jeune République son or, sa flotte et le sang de ses plus nobles enfants ! D'ailleurs, les catholiques ne s'étaient pas montrés moins ardents à la lutte, moins intrépides dans le danger que les autres citoyens ! Il eut été injuste, après la victoire, de leur refuser leur part des avantages conquis au prix de tant de sacrifices.

Les Catholiques américains étaient enfin libres. Une ère nouvelle s'ouvrait pour eux, et lorsqu'ils vinrent féliciter Washington de son élection à la présidence, l'âme noble et grande du père de la patrie put leur répondre avec vérité : « Vos concitoyens n'oublieront jamais la part si patriotique que vous avez prise à leur émancipation : ils n'oublieront pas non plus le secours puissant qu'ils ont reçu d'un peuple ami qui appartient comme vous à la Religion catholique. »

Cependant quoique la force des événements eût amené la Constitution fédérale, rédigée en 1787, à proclamer la pleine liberté de conscience, chaque État n'en garda pas moins son droit d'y apporter des restrictions. Il y en eut plusieurs qui, tout en respectant la liberté de conscience, refusèrent aux Catholiques leurs droits civils et politiques. L'État de New-York, en particulier, se signala par l'hostilité la plus odieuse contre ceux qui, dans son langage insultant, il appelait des *papistes*. Le nom de prêtre y était en horreur et celui de Catholique n'excitait que le mépris. Jusqu'à ces derniers temps, les prédicants fanatiques des sectes protestantes, obéissant au sentiment d'une haine peu évangélique, jetaient l'insulte sur le clergé catholique qu'ils appelaient *les disciples de Bélial, les fils de Babylone la maudite*, et lorsque, au commencement de ce siècle, Elisabeth Seton, devenue veuve, embrassa la foi catholique et se fit sœur de Charité, cette conversion devint pour la ville de New-York un fait inouï, un sujet d'étonnement et de scandale universel.

Cependant un premier évêque est donné à l'Amérique du Nord, et en 1790, Mgr Carroll monte sur le siège de Baltimore. C'était le moment où commençaient les douloureuses épreuves de la Foi dans notre patrie. Ainsi, par une de ces compensations dont la Providence a le secret, une Eglise nouvelle se levait au-delà des mers, dans la sérénité de la jeunesse et de la paix, au temps même où la France chassait Dieu de ses sanctuaires, et forçait ses prêtres et ses pontifes à aller mendier le pain de l'exil. Il faut aux catholiques du Nouveau-Monde des prêtres et des évêques; ils leur arriveront de notre patrie, chassés par le vent de la persécution. Un brick part de Saint-Malo en 1791, portant quatre prêtres de la société de Saint-Sulpice. Ils seront les fondateurs du grand séminaire de Sainte-Marie de Baltimore. Le même brick portait avec eux un jeune homme, à l'imagination poétique, à l'âme chevaleresque, encore inconnu, mais dont la renommée littéraire allait bientôt remplir le monde, l'illustre auteur du *Génie du christianisme*. Chateaubriand, allait visiter les forêts et les savanes du Nouveau-Monde.

L'année suivante amène une pléiade de noms illustres ; c'est l'abbé David, de Nantes, qui devint évêque coadjuteur de Bardstown, dans le Kentucky ; c'est l'abbé Benoît Flaget, de Billom, le futur évêque de Bardstown, dont le nom se rencontre si souvent dans les *Annales de la Propagation de la Foi* ; c'est l'abbé Ambroise Maréchal, ordonné en secret à Bordeaux, la veille de son embarquement, et futur archevêque de Baltimore ; c'est l'abbé Etienne

Badin, d'Orléans, le premier prêtre ordonné aux Etats-Unis ; c'est l'abbé Jean Dubois, de Paris, condisciple de Robespierre au collège Louis-le-Grand. « Je n'oublierai jamais, disait-il plus tard, le regard et les manières de celui qui devait être un monstre de cruauté. Il était sombre, sauvage et presque toujours solitaire. Ses yeux étaient hagards et sa tête toujours en mouvement comme celle de la bête fauve. Il était déjà signalé comme le tyran de ses camarades plus jeunes et plus faibles. » Lorsque la Révolution éclata, il s'embarqua pour l'Amérique avec des lettres de recommandation du marquis de Lafayette pour les Monroë, les Lée et quelques hommes notables de ces contrées. Après avoir rempli seul, pendant plusieurs années, les fonctions de missionnaire entre Baltimore et Saint-Louis, il fut nommé évêque de New-York. En 1794 on vit arriver l'abbé Louis Dubourg, prêtre de Saint-Sulpice, qui fut évêque de la Nouvelle-Orléans et qui est mort archevêque de Baltimore, et enfin deux ans après, l'abbé Jean de Cheverus, évêque de Boston et mort cardinal-archevêque de Bordeaux (1).

Monseigneur Flaget, nommé en 1808 au siège de Bardstown dont il fut le premier évêque, a mérité par sa longue carrière d'être appelé le Patriarche de l'Eglise des Etats-Unis, comme ses travaux et ses vertus l'ont fait proclamer le modèle de la vie apostolique. Son vaste diocèse embrassait huit Etats et avait près de trois fois l'étendue de la France. On le voyait, dans ses courses de missionnaire, partir des rives du Mississipi pour ne s'arrêter qu'à l'embouchure du Saint-Laurent, et dans ce voyage de 700 lieues, partout où il dressait sa tente, partout il jetait les fondements d'une nouvelle Eglise et chacune de ses haltes principales était appelée à devenir un évêché. C'est Saint-Louis, sur le Missouri ; c'est Vincennes, dans l'Indiana ; c'est Cincinnati, capitale de l'Ohio ; c'est Détroit, dans le Michigan ; c'est Erié et Buffato, sur les bords des lacs de ce nom. Qui ne serait saisi d'admiration en le voyant traverser à cheval des plaines ou des forêts immenses, ramer sur les lacs et les rivières, avec les Algonquins et les Iroquois dans leurs canots d'écorce de bouleau, coucher la nuit dans les bois, à ciel ouvert, quêter le long de la route le pain de chaque jour et donner des missions

(1) *Missions catholiques*.

partout où il trouve une bourgade de blancs, une plantation d'esclaves ou un village d'indiens ! C'est vraiment l'apôtre de l'Amérique du Nord (1).

Dans cette ville de Vincennes qu'avait évangélisée Mgr Flaget, nous rencontrons en 1822 un jeune missionnaire venu d'Italie, André Ferrary, dont la parole entraînante ravive la foi au cœur des catholiques. Vers la même époque, un autre missionnaire venu de France, l'abbé Blanc y exerçait le ministère. « Je suis à Vincennes, écrit-il, petite ville d'à peu près trois mille âmes, à cinquante lieues de Saint-Louis. Cette ville est dans une belle position, au milieu d'une grande plaine toute en prairies, et sur une charmante rivière, plus forte que la Loire, qui facilite le commerce avec tous les points importants en se jetant dans l'Ohio, non loin de l'endroit où celui-ci se jette dans le Mississipi. Il y a bien peu de français dans Vincennes, et par conséquent peu de catholiques : heureusement cependant eux seuls ont une église qui fut construite par les jésuites. Les personnes des autres sectes aiment tant à entendre prêcher, que si nous faisions chaque jour nos prédications en anglais, nous ne manquerions jamais d'auditeurs. Je suis chargé du soin de la paroisse, qui est composée de treize cents français, sans compter les catholiques américains répandus dans la campagne, auxquels je suis obligé de faire une instruction le dimanche et le catéchisme quatre fois par semaine, le tout en français (2) ».

M. Badin, l'infatigable missionnaire qui a sillonné, dans ses courses apostoliques, la plupart des Etats du Nord, qui a tour à tour évangélisé les blancs et les sauvages et qui a laissé une mémoire si populaire, avait exercé le saint ministère à Vincennes et sa parole avait affermi la foi des catholiques.

M. l'abbé Championnier, du diocèse de Clermont, capitaine de hussards en 1815, avait quitté la carrière des armes pour embrasser l'état ecclésiastique et avait conservé dans sa nouvelle voie le dévouement et l'intrépidité de sa première profession. Il était parti pour les missions étrangères, et l'évêque de Bardstown, Mgr Flaget, l'avait envoyé en 1823 à Vincennes. Il n'y trouva que

(1) *Annales de la Propagation de la Foi*, année 1850.
(2) *Annales de la Propagation de la Foi*, année 1822.

la petite chapelle construite autrefois par les Jésuites. Après avoir surmonté des obstacles de toute sorte, il parvint à construire une église. Il fit appel à la générosité de ses amis de France, il parcourut près de trois mille lieues à travers l'Amérique, sollicitant les secours des protestants eux-mêmes, et grâce à tant d'efforts, il éleva une cathédrale et il bâtit une modeste demeure pour l'évêque qu'il désirait avec tant d'ardeur voir appelé au diocèse de Vincennes. Ses vœux ne devaient être exaucés que plusieurs années après.

Un autre missionnaire, ami de M. Badin, qui laissa des traces de son passage à Vincennes, fut M. Gabriel Richard, qui évangélisa l'Illinois, l'Indiana, l'Ohio et le Michigan. Originaire de Saintes et appartenant par sa mère à la famille de Bossuet, il entra dans la congrégation de Saint-Sulpice et fut fut envoyé par l'abbé Emery, en 1792, au collège naissant de Baltimore pour y enseigner les mathématiques. Mais l'évêque de cette ville, Mgr Carroll, qui avait à cette époque, sous sa juridiction, tous les catholiques des Etats-Unis, l'envoya exercer les fonctions du saint ministère auprès des Canadiens français établis dans l'Illinois. Il fut grand vicaire de l'évêque de Cincinnati dans le Michigan. Il visitait les divers établissements des catholiques dans cette région et les tribus sauvages, et il leur distribuait avec un zèle infatigable cette parole de vérité que son grand'oncle maternel, Bossuet, avait portée à la cour du grand roi. Il fut élu en 1823, député au Congrès, et c'est le premier ecclésiastique qui ait eu cet honneur. Il mourut en 1832, victime de son dévouement, en visitant les cholériques de la ville du Détroit.

Tels sont les missionnaires qui, depuis les premières années de ce siècle, ont arrosé de leurs sueurs cette terre que le brave chevalier de Vincennes avait arrosée de son sang. Leurs travaux avaient été féconds ; la moisson commençait à blanchir et l'Indiana était préparé pour être placé sous la houlette pastorale d'un évêque. Il la reçut de la main même de Mgr Flaget, le généreux apôtre qui, dans ses courses évangéliques, avait tant de fois exercé le saint ministère dans cette contrée et qui avait appelé de tous ses vœux et secondé de son puissant concours l'érection d'un siège épiscopal dans l'Indiana.

## CHAPITRE XI

### Visite pastorale de Mgr de Saint-Palais

Le premier devoir de l'évêque est de connaître le troupeau qui lui est confié, de le visiter, de lui apporter le double bienfait de sa parole et de ses bénédictions. Dans les Etats-Unis où les catholiques sont disséminés sur une grande étendue, où les diocèses sont aussi vastes que des provinces, l'administration épiscopale ne peut s'exercer qu'en visitant chaque église. L'évêque est obligé de continuer la vie nomade de missionnaire et de se rendre dans chaque centre de population. Dans une contrée où la vie consiste surtout dans le mouvement et une activité incessante, il faut que l'évêque se produise, se mêle aux catholiques, qu'il se mette en communication avec eux pour être leur conseil et leur guide. Sa vie ne peut se concentrer dans sa résidence épiscopale : il faut qu'elle se répande au dehors et qu'elle se dépense au service du diocèse. Il faut pour ce ministère extérieur, un tempérament vigoureux, une santé forte et robuste, qui ne redoute ni la fatigue, ni les privations. Or, Mgr de Saint-Palais était doué d'une force et d'une vigueur à l'épreuve des plus rudes travaux, et qui pouvaient suffire à la tâche la plus pénible.

A l'exemple de ses prédécesseurs, le nouvel évêque se montra généreusement impatient d'entreprendre la visite de son diocèse. Ce fut le premier désir de son âme, au jour de la consécration épiscopale, et il s'empressa de le réaliser aussitôt que les froids rigoureux de l'hiver furent passés. Les premiers mois de son administration avaient été consacrés à la ville de Vincennes. Il avait visité ses habitants, comme un pasteur visite les familles de sa paroisse. Les protestants eux-mêmes avaient été l'objet de cette marque d'affection, et la population entière s'était montrée touchée de l'aménité de ses manières et de la bonté de son cœur.

Les missions voisines de Vincennes reçurent, les premières, sa visite et les prémices de son ministère. Quelques-unes connaissaient déjà le vicaire-général qui avait été associé à l'administration du diocèse. Mais toutes étaient impatientes de saluer le nouvel évêque. Ce furent de toutes parts les ovations les plus touchantes. Les paroisses qui l'avaient eu à leur tête firent éclater, en le revoyant, la joie la plus vive. Sainte-Mary, Logansport, Madison lui firent un accueil plein d'enthousiasme. Sainte-Mary, l'humble mission qui avait été le théâtre des premiers travaux de son ministère, avait gardé le souvenir du dévouement et des dures privations du jeune missionnaire qui s'était imposé de grands sacrifices pour lui construire une église et de rudes fatigues pour aller évangéliser les ouailles dispersées dans les profondeurs des forêts. Aussi quels pieux transports quand on le vit apparaître revêtu des insignes de la dignité épiscopale ! Les hommes se pressaient avec amour à ses côtés, les mères le montraient à leurs enfants, et les plus chaleureuses acclamations éclataient sur son passage. La population de Logansport ne se montra pas moins heureuse de revoir son ancien pasteur et elle l'accueillit avec le plus joyeux empressement.

Mais ce fut surtout Madison, la chère paroisse où il aurait voulu finir ses jours, où il avait laissé de si profonds regrets, qui se signala entre toutes par les élans de son enthousiasme. Son éloignement n'avait pas diminué l'affection au cœur de ce bon peuple. On le saluait comme un père qui revient, après une longue absence, au sein de sa famille. Tous les cœurs étaient émus ; tous les yeux se fixaient sur lui avec attendrissement. La ville entière lui faisait cortége et s'empressait de lui souhaiter la bienvenue. Les mères lui présentaient à bénir les enfants qu'il avait baptisés. Les jeunes adolescents qu'il avait préparés à la première communion venaient recevoir de ses mains la confirmation, et on vit plusieurs pères de famille agenouillés à côté de leurs fils recevoir le sacrement qui fortifie et qui rend parfait chrétien.

Mgr de Saint-Palais fut profondément touché de ces marques d'attachement et du haut de la chaire il témoigna à ce cher troupeau combien il était heureux de le revoir, avec quelle joie il le bénissait, et ouvrant son cœur, il donna un libre cours à son émotion. On le vit, après la cérémonie, parcourir la ville à pied, souriant à tous, aux protestants comme aux catholiques, et donnant à chacun une poignée de main avec une parole affectueuse.

Sa sollicitude pastorale ne se borna pas à la visite des villes. Il voulait, comme le bon Pasteur, connaître toutes les brebis, être connu lui-même de toutes, et il n'hésita pas à aller les chercher jusqu'au fond des savanes et des forêts. Ni la difficulté des chemins, ni la grandeur des distances, rien ne put arrêter son zèle. Tout était à la fois pour lui joie et fatigue dans ces courses pastorales. Les fatigues, on les comprend dans ces chemins impraticables et dans ces longues cérémonies qu'il devait accomplir. Mais la joie du bien qu'il faisait dans ses tournées le dédommageait de la fatigue et la lui faisait oublier.

Ces visites étaient une occasion favorable pour encourager les œuvres paroissiales, provoquer la construction d'une église, la fondation d'une école et raviver le sentiment catholique. Il put ainsi reconnaître, dans sa première visite, le triste état de délaissement dans lequel se trouvait une grande partie de son diocèse sans églises, sans prêtres, sans secours religieux. Le défrichement des bois et des savanes prenait chaque jour une plus grande extension et attirait de nouveaux colons : il se formait ainsi de nouveaux centres de population qui réclamaient une école, un oratoire, un prêtre. Le bon prélat accueillait ces désirs, et sa parole devenait comme une semence féconde qui faisait germer au sein de ces nouveaux groupes d'habitants les œuvres catholiques.

Dans ces visites diocésaines, les Irlandais se signalaient par leurs manifestations bruyantes. Tous se précipitaient au devant de Mgr de Saint-Palais, faisant entendre des chants de joie et de longues acclamations. Ils tombaient à genoux en le voyant, et ils le saluaient avec amour comme l'envoyé du Seigneur. L'arrivée de l'évêque dans leur village était pour eux le plus beau jour de fête; c'était la visite d'un père bien-aimé, et ils se sentaient heureux de pouvoir contempler ses traits, de s'incliner devant lui et de baiser sa main. Avec quelle émotion ils recueillaient les paroles qu'il leur adressait dans leur langue maternelle, et quel n'était pas l'attendrissement de leur cœur lorsqu'il leur rappelait le doux nom de la *Verte Erin* et la fidélité de leurs pères, malgré les menaces de la persécution, à l'antique foi de leur catholique patrie !

Mgr de Saint-Palais, aimait à redire à ses amis de France combien il avait été touché des sentiments religieux de ces bons et chers Irlandais, et il avouait que ces pieuses démonstrations le payaient avec usure des peines et des fatigues de ses tournées pastorales.

Il eût la joie de trouver dans ses courses, à travers son vaste diocèse, quelques villages français qui avaient été formés par des familles catholiques émigrées du Canada. Quelle touchante rencontre ! c'était un souvenir de la mère-patrie ; c'était la même langue, les mêmes mœurs avec la même foi ! Le dimanche pendant la messe, on distribuait le pain bénit ; au lutrin des voix mâles et graves faisaient entendre le même plain-chant que Monseigneur avait entendu retentir sous les voûtes de l'église de son pays natal, et les prières des livres que ces fidèles avaient entre leurs mains étaient toutes en notre langue. C'était comme un petit coin de terre de France. Monseigneur éprouvait un charme singulier à entendre ces doux sons qui depuis si longtemps n'avaient point résonné à son oreille, et cette bonne population, suspendue à ses lèvres, ne se lassait pas de recueillir ses paroles et de lui promettre de rester toujours attachée à la foi catholique.

Dans cette première tournée pastorale, qui se prolongea pendant plusieurs mois, Monseigneur connut les besoins religieux de son diocèse. En voyant cette population qui augmentait tous les jours par le flot de l'émigration, il comprit qu'il devait augmenter le nombre de ses prêtres, et dès ce moment il forma le projet de traverser les mers pour venir chercher en Europe de nouveaux collaborateurs de son œuvre. Il vit aussi le triste état de dénûment de tant de pauvres chapelles dépourvues d'ornements et de vases sacrés, et il résolut de se faire quêteur auprès de sa famille et de ses amis en faveur des églises pauvres de son diocèse.

Cette visite, en révélant à l'évêque les besoins et la pénurie spirituelle de son nombreux troupeau, laissa une profonde et salutaire impression au cœur des Catholiques. Combien qui vivaient dans un complet éloignement des pratiques religieuses et qui sentirent, à la parole de l'évêque, se ranimer en eux la foi de leurs jeunes années ! Le respect humain et l'indifférence furent vaincus et il y eût dans les âmes comme un réveil du sentiment religieux. Les protestants eux-mêmes, attirés par ce spectacle si nouveau pour eux, ne purent se défendre d'une impression secrète, et en les voyant, confondus avec les catholiques, marcher à la suite du prélat, fixer sur lui des regards où le respect se mêlait à la curiosité, on aurait dit que dans cette foule il n'y avait que des catholiques.

C'est ainsi que l'évêque passait à travers les villes et les campagnes, captivant les cœurs, dissipant les préjugés des populations protestantes, ravivant la foi et faisant fleurir sous ses pas les œuvres catholiques.

## CHAPITRE XII

### Concile de Baltimore.

Les évêques des États-Unis, fidèles aux prescriptions canoniques du Saint-Concile de Trente, étaient dans l'usage de se réunir tous les trois ans en concile provincial pour se concerter sur les besoins de leurs Églises, sur les abus à réformer, les lois à établir, les œuvres à fonder et pour seconder par de sages mesures les progrès du Catholicisme dans leurs diocèses.

C'était la ville de Baltimore, la métropole religieuse de l'Amérique du Nord, qui était choisie pour être le siège de ces grandes assemblées de l'Église du Nouveau-Monde. Les évêques convoqués arrivaient accompagnés d'un prêtre qui leur servait de théologien, et malgré leur différence de nationalité, ils s'embrassaient comme des frères et ne formaient qu'une même famille. Ce fut un spectacle touchant que présenta cette réunion de prélats accourus des villes les plus éloignées, après avoir franchi plus de deux mille lieues et bravé de grandes fatigues, pour se concerter ensemble sur les besoins de leurs Églises naissantes.

C'était pour la première fois que Mgr de Saint-Palais assistait à ces réunions épiscopales. Il amenait avec lui comme théologien le père Corbe, aumônier du monastère de Sainte-Marie-des-Bois, prêtre non moins instruit que pieux, qui était arrivé en même temps que son évêque dans le diocèse de Vincennes.

Le concile ouvrit ses sessions le 14 mai 1849. C'était le septième qui se tenait à Baltimore. On y comptait deux archevêques et vingt-trois évêques. La distance des lieux n'avait pas permis à deux autres prélats de se rendre à cette réunion. Chaque évêque exposa la situation de son diocèse. Mgr de Saint-Palais présenta à son tour un tableau de l'état du Catholicisme dans l'Indiana, et fit part des impressions que lui avait laissées la visite qu'il venait de faire dans son diocèse.

Après les délibérations qui furent prises dans ce concile, les Pères tournèrent un regard plein de gratitude vers l'œuvre de la *Propagation de la Foi* et adressèrent la lettre suivante aux Présidents et Directeurs du Conseil. Nous nous faisons un devoir de la reproduire comme un monument de l'Église du Nouveau-Monde.

« Messieurs,

» Les Pères du septième concile de Baltimore ont décidé que la reconnaissance de l'Église des États-Unis pour les nombreux bienfaits qu'elle reçoit de votre noble société, vous serait exprimée par un acte solennel et par la bouche de l'un de nos frères qu'ils députent auprès du Saint-Siège.....

» L'avenir de l'Église, qui partout ailleurs semble se couvrir d'un nuage mystérieux, présage du moment du combat, des épreuves du triomphe ; cet avenir s'ouvre pour nous avec les espérances, les consolations et la vigueur d'une Eglise encore jeune, qui grandit comme une vigne nouvelle, et qui comptera bientôt parmi ses ouvriers, six archevêques et trente évêques. Outre le clergé séculier, nous avons pour collaborateurs neuf corps religieux ou sociétés pieuses, précieuse portion de l'Église militante, qui n'édifie pas moins les pasteurs que les fidèles, et dont les branches se multiplient de jour en jour. Nos communautés de Religieuses présentent un spectacle non moins consolant. Les hôpitaux, les asiles pour les orphelins, les écoles pour les pauvres, les pensionnats pour la classe aisée, des établissements sans nombre prospèrent sous la direction des vierges consacrées à Dieu. Une pensée, toutefois, nous afflige, celle de ne pouvoir étendre à tous les enfants de la foi les bienfaits d'une éducation religieuse.

» Vous comprendrez facilement, Messieurs, l'immensité de nos besoins et la grandeur de notre responsabilité, lorsque vous saurez que l'émigration européenne et catholique dépasse maintenant par année le chiffre de deux cent cinquante mille âmes. Les émigrants sont, à peu d'exception près, pauvres et dénués de ressources; ils sont poussés en Amérique par la famine et les révolutions; ils viennent chercher ici une existence que le vieux monde n'offre que comme précaire. A ces pauvres, il faut des églises, des pasteurs; à leurs enfants, de l'instruction, le pain spirituel et souvent le pain du corps. Comprenez bien, Messieurs, que pour l'augmentation annuelle des catholiques seuls, nous devrions nous procurer annuellement trois cents prêtres, bâtir trois cents églises, trois cents écoles! Or, voici quelle est notre position: Les vieux diocèses, ou plutôt ceux qui sont le plus favorisés et le plus solidement établis, ne répondent que faiblement aux cris et aux besoins de la multitude; ceux qui sont naissants et qui n'ont qu'une population faible, éparse et pauvre, n'ont pas encore une existence assurée, et languissent faute d'assistance.

» La charité de Jésus-Christ nous presse, Messieurs, de recommander à votre protection et à votre généreuse sollicitude cette Église dont nous sommes les pasteurs. Quelle portion intéressante de la vigne du Seigneur! Elle s'étend des rives du Saint-Laurent jusqu'à l'Océan Pacifique, du Canada au golfe du Mexique: elle suivra les destinées de la nation où elle a jeté de si profondes racines: elle est appelée à prêter son appui à sa sœur du Sud; les îles innombrables situées entre l'Amérique et la Chine appelleront avant peu nos missionnaires à leur secours.

» Un autre fait, Messieurs, bien digne de votre sagesse et de vos observations: Nous ne bâtissons pas sur le sable, mais nous plantons ici notre croix dans le roc que rien ne peut ébranler; à chaque pas que nous faisons dans les forêts, nous laissons une impression qui ne s'efface pas.

» Nous nous étendrions plus longuement sur ce sujet, Messieurs, si nous n'avions chargé notre Promoteur de vous exposer nos besoins, de vous rendre familière notre situation et de vous exprimer cette reconnaissance du cœur qui n'a pas d'expressions plus éloquentes que celles de l'Apôtre: « Nous avons une grande joie, mes frères, et une grande consolation dans votre charité, car les entrailles des Saints ont été rafraîchies et confortées par vous. »

Mgr de Saint-Palais mêla sa voix à celle de ses vingt-six collègues dans l'épiscopat, et en même temps qu'il envoyait l'expression de sa reconnaissance au conseil de l'œuvre de la *Propagation de la Foi*, il fit entendre le cri de détresse de son diocèse qui n'était pas un des moins dépourvus de prêtres et de ressources.

Trois ans après, le 20 mai 1852, Mgr de Saint-Palais se trouvait de nouveau à Baltimore pour assister, non plus à un concile provincial, mais au premier concile national des États-Unis. On y compta six archevêques et vingt-six évêques. Les Pères décrétèrent, par un vote d'acclamation, que l'œuvre de la *Propagation de la Foi* serait rétablie dans tous les diocèses. Ils rappellent l'époque où les catholiques des États-Unis n'avaient que six évêques, tandis qu'ils comptaient aujourd'hui six Églises métropolitaines. La hiérarchie se compose maintenant de trente-trois prélats, et bientôt douze nouveaux coopérateurs seront ajoutés à ce nombre.

Parmi ces nouveaux sièges dont le concile demandait la création, il en est un qui fut proposé par Mgr de Saint-Palais, ce fut celui de Fort-Wayne, au nord de l'Indiana, entre l'Ohio et l'Illinois. Il fut détaché du vaste diocèse de Vincennes, à la demande de l'évêque, pour former un nouveau diocèse. Déjà un premier démembrement opéré en 1844, avait donné naissance à l'Eglise de Chicago. Un nouveau démembrement, en 1852, forme le diocèse de Fort-Wayne. Ainsi l'Eglise de Vincennes voit s'élever à ses côtés, comme deux jeunes sœurs, deux Eglises nouvelles qui travaillent comme elle à la conquête des âmes.

« Quel glorieux avenir nous est réservé, s'écrient les Pères du concile, en voyant les progrès du catholicisme ! Notre œuvre de création marchant dans les proportions du passé, luttant de vitesse avec le mouvement du pays et s'étendant jusqu'à l'Océan Pacifique, il nous est permis d'espérer et de croire qu'avant vingt-cinq ans tout au plus, la portion américaine de l'Eglise catholique comptera autant de siéges épiscopaux que les plus anciens royaumes de l'Europe. »

Les paroles prophétiques de l'épiscopat américain se sont pleinement réalisées. Les États-Unis comptent aujourd'hui onze provinces ecclésiastiques, près de quatre-vingts sièges épiscopaux, plus de six millions de catholiques et plus de six mille églises avec cinq mille prêtres ; et nous pouvons dire avec les Pères du concile que c'est un miracle éclatant de la Providence que cet accroissement si rapide de l'Eglise dans cette partie du Nouveau-Monde, où les préjugés de l'erreur avait jeté de si profondes racines, où les richesses d'un côté et la pauvreté de l'autre formaient comme un mur d'opposition.

Pendant le concile, Mgr de Saint-Palais recevait un accueil hospitalier au sein d'une famille d'origine française. Il y avait alors à Baltimore un médecin, déjà avancé en âge, qui était venu suivre en France, en 1789, les cours de l'École de Médecine de Montpellier. Après avoir achevé ses études, il était retourné à la Martinique où résidait sa famille, pour y exercer sa profession. Mais lorsque vint à éclater la révolte des nègres, il alla avec ses parents chercher un asile sur la terre libre de l'Amérique et se fixa à Baltimore. C'était le docteur Chatard. Il fut bientôt connu comme un habile praticien et il se vit entouré d'estime et de considération. Sa famille occupait un rang honorable parmi les catholiques de la cité. Or, le bon docteur, qui avait toujours gardé l'amour de la France, ayant appris que parmi les évêques qui siégeaient au concile, il y en avait qui étaient Français, se mit en relation avec eux, les considéra comme des compatriotes et les accueillit dans sa demeure. Mgr de Saint-Palais, qui était originaire du département qui possède cette École de Médecine qu'avait fréquentée M. Chatard, fut de sa part l'objet des prévenances les plus cordiales. C'est là que le prélat allait se délasser des travaux du concile. C'était pour lui comme un souvenir de la France, et l'ancien étudiant de l'École de Montpellier se plaisait à parler de cette ville hospitalière, de son beau ciel et de ses bons maîtres qu'il n'avait pas oubliés.

Il y avait dans cette excellente famille un jeune enfant qui venait de commencer ses études classiques et qui laissait déjà entrevoir dans ses habitudes pieuses les premiers symptômes de vocation sacerdotale, Mgr de Saint-Palais, voyant tout ce qu'il y avait de promesses dans cette généreuse nature, ne put se défendre d'un sentiment de vive sympathie pour ce jeune et studieux élève. Il aimait à causer avec lui ; il l'interrogeait sur ses études, le félicitait de ses succès et encourageait par de bienveillantes paroles sa vocation naissante. Le petit-fils du docteur Chatard prenait à son tour un plaisir singulier à la conversation de l'évêque français. Il le questionnait souvent sur la France, sur sa famille et sur ses jeunes années. Il se plaisait surtout à lui entendre raconter son séjour au séminaire de Saint-Sulpice, ses études et son départ pour les missions étrangères. O desseins mystérieux du ciel ! Ce jeune étudiant, que charmaient les entretiens du prélat, devait un jour devenir prêtre, puis évêque et succéder à Mgr de Saint-Palais sur le siège de Vincennes. On aurait dit un autre Samuel auprès du grand-prêtre Héli. La Providence les rapprochait ainsi pour que l'évêque communiquât quelque chose de son âme au jeune François Chatard et que sa bénédiction le préparât de loin aux hautes destinées que lui réservait l'Église.

## CHAPITRE XIII

### Voyages de Mgr de Saint-Palais en France en 1845 et en 1851.

Le motif principal des divers voyages que Mgr de Saint-Palais entreprit en France, ce fut, on le comprend, l'intérêt de sa chère mission. Il lui fallait de l'argent pour la fondation et l'entretien de ses écoles et de ses églises, des prêtres pour le nombre toujours croissant des chapelles, et ce fut là le double objet de ses visites dans son pays.

Il fit un premier voyage en 1845, lorsqu'il était curé à Madison, et il vint faire appel à la charité de ses parents et de ses amis en faveur de son église. Quelle fut notre joie de le revoir après cette longue absence ! Nous ne nous lassions pas de l'entendre raconter les dures privations de sa vie de missionnaire, les froids rigoureux de l'hiver, sous une épaisse couche de neige, dans une mauvaise chaumière en bois qui le protégeait mal contre les rigueurs de la saison, les fatigues des longues courses à pied ou à cheval, tantôt sous une pluie torrentielle, à travers des chemins boueux, tantôt par une chaleur accablante, n'ayant souvent qu'une nourriture grossière pour le soutenir, et une couche bien dure pour reposer ses membres fatigués. Nous nous sentions vivement émus par ces récits si attachants, et nous comprenions tout ce qu'il faut de générosité et d'abnégation au cœur du missionnaire, au milieu de toutes ces épreuves.

Pour répondre aux désirs du curé de la Salvetat et aux vœux de ses compatriotes, il consentit à monter un dimanche en chaire et à nous raconter les travaux et les divers incidents de son apostolat dans cette région lointaine. Nous étions tous suspendus à ses lèvres, buvant en quelque sorte d'une oreille avide ces récits pleins de charme et l'écoutant encore lorsqu'il avait cessé de parler. Ses condisciples, devenus prêtres, séduits par ces peintures attrayantes, se prenaient à regretter de ne pas l'avoir suivi dans ses courses lointaines. Ses parents émus le contemplaient avec un sentiment où l'admiration se mêlait à la tendresse, et le cher curé de la Salvetat, qui l'aimait comme un fils, s'estimait heureux d'avoir vu sortir de sa paroisse un missionnaire aussi généreux, et il le disputait à l'affection de sa famille pour en faire l'hôte assidu de son presbytère.

Ce ne fut pas sans une grande tristesse que l'abbé de Saint-Palais, à son premier voyage, revit la maison paternelle. La mort y avait fait bien des vides. Elle avait frappé à peu d'intervalle son père et sa mère qui s'étaient éteints avec le regret de ne pas avoir auprès d'eux le cher missionnaire pour les bénir à leur heure dernière et leur fermer les yeux.

Son cœur se serra à la vue de ce foyer vide qui avait autrefois retenti des joyeux ébats de sa jeunesse, et il alla au cimetière s'agenouiller sur la tombe des siens et y répandre ses larmes avec ses prières.

Il avait laissé à son départ la plus jeune de ses sœurs pour être la consolation de ses vieux parents. Celle-ci, après avoir accompli ce devoir de piété filiale, cédant à l'appel d'une vocation généreuse, était partie pour l'institut des Filles de la Charité où l'avaient devancée depuis plusieurs années ses deux sœurs aînées. Après avoir achevé son noviciat, elle avait demandé à partir, à l'exemple de son frère, pour les missions étrangères, et elle dirigeait déjà une école de petites filles dans une île de l'archipel grec, sur le rocher de Santorin.

Il lui restait au pays natal deux tantes vénérables qui lui rappelaient sa bonne et tendre mère, trois frères qui l'aimaient tendrement et des amis dévoués. Tous, visités par lui, reçurent des marques de sa vive affection. Il reprit la mer, après avoir recueilli de nombreuses offrandes pour sa mission.

Nous le revîmes quelques années après, en 1851, et le but de ce second voyage était de recruter quelques prêtres allemands pour les catholiques de cette nation qui avaient émigré dans l'Indiana. Cette fois, il nous revenait comme évêque, et ce fut la première fois que nous eûmes la joie de le contempler avec les insignes de sa nouvelle dignité. Comme nos regards s'attachaient sur lui et avec quelle émotion nous nous inclinions sous sa main bénissante! Nous sentions que cette bénédiction donnée par une telle main ne pouvait que nous porter bonheur.

Son bien-aimé pasteur n'était pas le moins empressé à baiser sa main, à se jeter à ses genoux et à solliciter sa bénédiction. Nul ne sentait mieux que lui combien il était glorieux pour sa paroisse d'avoir donné le jour à un évêque. Il se rappelait qu'en 1824 un évêque, enfant de nos montagnes, Mgr des Hons, qui venait de monter sur le siège épiscopal de Troyes, était venu, à sa prière, conférer le sacrement de la confirmation à ses paroissiens. Il aurait voulu que Mgr de Saint-Palais, le compatriote, l'allié et l'ami de Mgr des Hons, accordât la même faveur aux habitants de la Salvetat. Il comprenait combien serait précieux un tel souvenir pour nos montagnes. Mais le trop court séjour de l'évêque-missionnaire ne permit pas de préparer les enfants pour la réception de ce sacrement, et ce fut un des regrets les plus vifs du pasteur de ne pouvoir procurer une semblable faveur à ses paroissiens.

De la Salvetat, Mgr de Saint-Palais se rendit dans une paroisse voisine, au château de Bonneval, résidence de son frère aîné, le baron Edouard de Saint-Palais. Ce fut une douce joie pour cette famille chrétienne. La modeste église paroissiale, bâtie par la piété des hôtes du château, avec le concours des fermiers des environs, eut alors ses jours de fête. Monseigneur y disait chaque jour la messe; son frère la servait, ses parents y assistaient et recevaient la communion de ses mains. C'était un spectacle touchant que présentait cette famille pieusement recueillie au pied de l'autel et s'unissant avec ferveur aux prières du cher évêque.

Les autres frères réclamaient à leur tour la visite du missionnaire. Au château de Peyrins, non loin de la ville de Castres, habitait le second de ses frères, capitaine de frégate, qui avait pris sa retraite avant l'âge et qui partageait son temps entre l'administration de sa commune et celle de son domaine. Chrétien sincère, il n'hésitait pas à donner le bon exemple et il accomplissait ouvertement ses devoirs religieux. L'existence aventureuse du marin offrait plus d'un rapport avec celle du missionnaire. Tous les deux avaient plusieurs fois traversé l'Océan, et l'officier de marine avait plus d'une fois abordé aux rivages de ce Nouveau-Monde, théâtre du dévouement de son frère. Avec quelle joie ils s'embrassèrent après une longue séparation! Les autres frères, qui ne pouvaient pas se séparer de leur cher Maurice, étaient là, et ainsi réunis, ils goûtaient ensemble combien il est bon et doux pour des frères de se retrouver au même foyer.

A la prière du clergé de la contrée, Monseigneur consentit à administrer la confirmation aux enfants des paroisses voisines, et c'est une date mémorable pour la modeste église de Peyrins d'avoir été témoin de cette touchante cérémonie. Dans les rangs des jeunes confirmés on remarquait avec émotion une jeune nièce de Monseigneur à qui son âge n'avait pas encore permis de faire sa première communion et qui se montrait heureuse et ravie de recevoir ce sacrement de la main de son oncle.

Monseigneur se trouvait encore au château le 22 septembre, jour de sa fête. Un de ses neveux se fit l'interprète des sentiments des parents et des amis auprès de son oncle bien-aimé, et il y eut un affectueux échange de toast et de souhaits dans cette fête de l'amitié.

Le plus jeune des frères du prélat habitait une agréable résidence à Pont d'Assou, non loin de Lavaur. Ce fut une nouvelle halte pour

Monseigneur et il y trouva la même hospitalité cordiale qu'il avait déjà reçue chez ses deux autres frères. Ce séjour paisible et agréable, avec ses beaux ombrages, sur les bords de l'Agout, fut pour lui une retraite charmante où il oublia les épreuves de sa vie de missionnaire dans les forêts de l'Indiana.

Partout où un homme de Dieu porte ses pas, il y a une bénédiction qui se répand autour de lui et qui demeure dans les familles comme un souvenir de son passage. Ainsi Mgr de Saint-Palais avait laissé, partout où il avait séjourné, des semences de vocation qui devaient faire germer plus tard de généreux dévouements. A Bonneval, l'aînée de ses nièces, véritable ange de douceur et de piété, comme l'indique son nom, s'arrache aux tendres embrassements de sa famille pour entrer dans la congrégation des Filles de Saint-Vincent-de-Paul où ses trois tantes l'avaient précédée. A Pont d'Assou, quelques années plus tard, une autre nièce suit ce généreux exemple, et au château de Saint-André, où Monseigneur avait été appelé par l'affection d'une famille alliée à la sienne, une autre parente subit cette noble contagion de la charité et embrasse le même institut. Famille bénie et vraiment privilégiée du ciel ! Elle compte deux générations d'âmes généreuses et dévouées, trois sœurs et trois nièces qui ont renoncé aux joies de la maison paternelle pour se faire les servantes des pauvres et des malades dans les hospices. Ces six filles de Saint-Vincent-de-Paul, ces six sœurs doublement unies par la parenté du dévouement et par celle du sang, forment comme la couronne de la charité autour de celui qui fut leur frère ou leur oncle vénéré.

Après les parents, les amis eurent aussi la joie de posséder Monseigneur, soit à Castres, soit à Albi, où s'était écoulée la première partie de sa jeunesse, soit au château de Labourelie, près de Gaillac, délicieuse résidence, admirablement située, où l'attendait, au sein d'une honorable famille, l'accueil le plus empressé. Le pieux curé de la paroisse voisine de Brens, entouré de plusieurs membres du chapitre d'Albi, le reçut solennellement à la porte de son église, et le soir, aux vêpres, les bons paroissiens écoutèrent avec émotion le touchant récit de ses travaux de missionnaire. Chacun à l'envi voulait fêter le cher évêque et regardait sa visite comme une bénédiction pour sa demeure.

Après avoir répondu à l'appel de la famille et de l'amitié, l'évêque-missionnaire prit la route de Lyon pour aller recommander les besoins de son diocèse aux membres du conseil de la *Propagation de la Foï*. Mais il allait rencontrer sur son chemin des connaissances et des amis qui réclamaient sa visite.

A Montpellier, il eut la joie d'embrasser, dans la maison des missionnaires diocésains, un ancien vicaire de la Salvetat avec lequel il s'était lié d'une étroite amitié: C'était l'abbé Soulas, l'apôtre de de nos montagnes, le Brydaine du diocèse, le fondateur des Sœurs-Garde-Malade de Notre-Dame-Auxiliatrice. Ce fut là pour le bon évêque une heureuse rencontre, et ces deux âmes généreuses se communiquèrent dans de mutuels épanchements les saintes ardeurs qui les consumaient. Autrefois, pendant les vacances, le jeune vicaire de la Salvetat et le fervent séminariste de Saint-Sulpice aimaient à s'entretenir du pieux dessein qu'ils nourrissaient, de se consacrer tous les deux à l'œuvre des missions étrangères. L'un, après plusieurs tentatives infructueuses, s'était voué à l'apostolat des missions diocésaines, et le Seigneur bénissait par des conversions nombreuses les prodigieux efforts de son zèle. L'autre, après avoir passé près de quinze ans dans les missions de l'Amérique, venait raconter à son cher confrère ses courses apostoliques dans le diocèse de Vincennes. Le bon père Soulas écoutait avec ravissement le récit des travaux évangéliques du généreux missionnaire dont il avait été le confident, et il ne pouvait se défendre d'un sentiment de sainte jalousie en face d'un si grand dévouement.

Ce fut leur dernière et trop courte entrevue, et quelques années après le père Soulas, l'apôtre infatigable qui avait usé ses forces au service des âmes, tombait victime de son zèle, laissant une mémoire entourée d'une vénération profonde.

Mgr Thibault, évêque de Montpellier, accueillit avec distinction l'évêque-missionnaire, originaire de son diocèse et voulut le rattacher par un lien d'honneur à son Eglise, en le nommant chanoine de la cathédrale. A Nimes, un de ses compatriotes, aumônier du Lycée, le même qui écrit ces lignes, l'attendait avec toute l'impatience d'une vieille et ardente amitié. L'hospitalité qu'il lui donna fut simple et modeste. Mais, du moins, elle fut affectueuse et ce fut l'amitié qui en fit tous les frais. L'administration du Lycée voulut honorer son hôte aussi distingué. Les élèves eux-mêmes manifestèrent le désir de l'entendre et écoutèrent ses récits avec le plus sympathique intérêt. Mgr Cart, de douce et sainte mémoire, évêque de Nimes, disputa à l'aumônier du Lycée le plaisir de l'avoir pour convive. L'aimable prélat ayant remarqué que Mgr de Saint-Palais cachait modestement sous sa soutane la croix pastorale, la dégagea de ses mains et l'étala sur sa poitrine en disant qu'un évêque ne devait point rougir de la croix.

Ce fut encore l'amitié qui le retint quelques jours à Beaucaire. Une honorable famille de cette ville, dont le nom est mêlé à toutes les œuvres de charité, sollicita la faveur de le recevoir sous son toit et eut pour lui les attentions les plus délicates. Monseigneur répondait à toutes ces marques de sympathie par des anecdotes intéressantes sur sa vie de missionnaire. C'était là comme la pièce de monnaie avec laquelle il payait l'hospitalité qu'il recevait sur son chemin. Toutes ces haltes étaient autant d'étapes bienfaisantes qui le conduisaient de ville en ville jusqu'à Lyon, et ses récits attachants étaient comme autant de semences jetées le long de la route et destinées à rendre populaires le nom et l'histoire de l'Eglise de Vincennes.

## CHAPITRE XIV

### Voyage de Mgr de Saint-Palais dans l'intérieur de la France.

Nous allons continuer à suivre l'évêque-missionnaire dans toutes les villes où le conduisent les intérêts de son Eglise. C'est la pieuse odyssée de la charité. La ville de Lyon, le siège de la *Propagation de la Foi*, était un des principaux buts de son voyage. Il fut reçu au grand séminaire et, après avoir offert le saint sacrifice au sanctuaire vénéré de Notre-Dame-de-Fourvières où ont prié tant de missionnaires, il s'empressa d'aller visiter les membres du conseil de la *Propagation de la Foi* pour les remercier de tout ce qu'ils avaient fait pour son diocèse et leur exposer les besoins de sa mission. Cette visite était survenue à propos pour obtenir du conseil de l'œuvre le maintien de l'allocation faite jusqu'à ce jour à l'Eglise de Vincennes et qu'on était sur le point de supprimer.

Mgr de Saint-Palais fit ensuite un détour pour se rendre en Lorraine et en Alsace, afin d'y recruter quelques collaborateurs parlant la langue allemande. Je ne saurais oublier l'accueil si cordial qu'il trouva à Nancy chez l'aumônier du Lycée, qui mit le plus affectueux empressement à recevoir celui qui avait été l'hôte de son collègue de Nimes. En parcourant cette ville, Mgr de Saint-Palais aimait à se rappeler cet ancien évêque de Nancy, Mgr de Forbin-Janson, qui avait visité l'Amérique et qu'il avait reçu lui-même sous son toit de Chicago.

A Paris, l'évêque de Vincennes retrouva dans les rangs du clergé plusieurs de ses anciens condisciples. Il alla visiter le séminaire de Saint-Sulpice, berceau de sa vocation ecclésiastique, et parmi les directeurs de la maison, il rencontra quelques-uns de ses anciens maîtres qui embrassèrent avec émotion leur ancien élève devenu évêque-missionnaire.

Il se trouvait dans la capitale à l'époque du coup d'État du 2 décembre 1851. « J'ai vu de bien près les barricades, écrivait-il. Il y en avait une sous ma fenêtre. Mais plus heureux qu'en 1830, je n'ai pas été obligé de prendre la fuite. Du reste, la résistance n'a pas été bien opiniâtre, et si l'on doit ajouter foi aux rapports des journaux, les troubles ont été plus sérieux dans le Midi que dans la capitale. »

La sœur aînée de Monseigneur était supérieure de l'hospice de Douai. L'évêque de Vincennes, que les besoins de sa mission appelèrent en Belgique, s'arrêta dans cette ville qui se trouvait sur sa route. Il n'était pas seul ; deux de ses frères l'accompagnaient, et la bonne supérieure se sentit émue jusqu'aux larmes en voyant ses frères que l'affection conduisait de si loin auprès d'elle. Ce fut pour tous comme un souvenir des anciennes réunions de famille, et elles furent trop rapides ces heures de causeries intimes, de doux entretiens dont le missionnaire d'Amérique faisait, avec un aimable abandon, tous les frais.

Il fallut se séparer. L'évêque poursuivit sa route pour faire appel à la charité de la Belgique. Cet appel rencontra partout un écho et le prélat se vit de toute part l'objet des plus flatteuses prévenances. La famille de Mérode, dont le nom se rattache au berceau de l'indépendance de cette nation, comme à toutes les œuvres chrétiennes, le reçut avec honneur et s'associa par une large offrande au succès de sa mission. Le comte Ferdinand de Meeûs, si renommé par sa charité et qui avait confié l'éducation de ses enfants à un prêtre originaire du diocèse de Montpellier, ne se montra pas moins généreux. Dans toutes ces grandes familles de l'aristocratie belge, si profondément religieuses, Mgr de Saint-Palais rencontra les plus vives sympathies pour son œuvre. On se le disputait pour l'inviter et pour recueillir de ses lèvres les récits de ses courses de missionnaire. « Je me suis éternisé en Belgique, nous écrivait-il à son retour. J'ai été parfaitement accueilli et j'ai fait une quête qui a été fructueuse. »

Les dernières semaines de son séjour en France furent consacrées à la Bretagne. Cette contrée, plus riche des biens du ciel que des trésors de la terre, avait fourni plusieurs ouvriers évangéliques à la mission de l'Indiana. C'est de cette province qu'étaient sortis les deux premiers évêques de Vincennes et ce missionnaire à la figure si attachante, au cœur si généreux, Benjamin Petit, dont l'admirable dévouement jette un si doux éclat sur cette Eglise naissante. C'est de là aussi qu'était partie cette pieuse colonie de sœurs de la Providence qui avait fondé le couvent et le pensionnat de Sainte-Marie-des-Bois dans l'Indiana. Dans cette province vivaient encore les parents des missionnaires et des religieuses qui s'étaient faits les apôtres du diocèse de Vincennes, et à ce titre, Mgr de Saint-Palais leur devait une visite comme un témoignage de sa reconnaissance. Il lui fallait encore de nouveaux ouvriers, et il allait les demander à cette terre féconde en dévouements de tout genre et qui était devenue comme la pépinière de son diocèse.

Une de ses premières visites fut pour son prédécesseur, Mgr de la Hailandière, qui vivait retiré près de Combourg, non loin du vieux manoir qui fut le berceau de Chateaubriand, et qui, du fond de sa retraite, ne cessait de s'intéresser à la situation de son ancienne Eglise. Ce fut avec une vive émotion que les deux prélats se revirent. Partis ensemble de France, ils avaient longtemps évangélisé ensemble la même contrée, et après une séparation de quelques années, ils avaient la joie de s'embrasser sur le sol de la patrie. On comprend quel fut le sujet de leurs longs entretiens. Mgr de la Hailandière ne se lassait pas d'interroger son successeur sur l'état religieux de l'Indiana et sur les progrès qu'y faisait le Catholicisme. Il s'informait avec intérêt de chacun des prêtres qu'il y avait laissés et des établissements qui avaient été fondés. Mgr de Saint-Palais s'empressait de répondre aux nombreuses questions que lui adressait son honorable collègue et lui rendait compte de l'état de la mission, des nouvelles églises qui avaient été construites, des espérances qu'il nourrissait et des projets qu'il formait pour l'avenir de son diocèse. Il lui demandait en même temps le secours de ses prières pour le succès de ses œuvres. « Vous êtes, disait-il à Mgr de la Hailandière, sur la montagne, comme Moïse, les mains levées vers le ciel, tandis que, comme Josué, je suis dans la plaine, au milieu de la mêlée, livrant les combats du Seigneur. Venez en aide, par vos supplications ardentes, à ceux qui supportent le poids du jour et de la chaleur, sur cette terre lointaine. »

Monseigneur parcourut les divers diocèses de la Bretagne, visita les évêchés et les séminaires pour recruter de nouveaux missionnaires. Déjà quelques prêtres allemands, qu'il avait été chercher au-delà du Rhin, étaient venus le rejoindre. Il lui fallait aussi des prêtres français, et c'est cette province qui les lui fournit.

Il aurait désiré emmener avec lui un de ses compatriotes auquel il se plaisait à témoigner beaucoup d'affection. Que de fois il lui disait avec l'accent de l'amitié : « Venez avec moi. J'ai, aux portes de Vincennes, un petit poste qui porte un nom plein de charme et qui est fait pour vous ; c'est Sainte-Rose-de-Lima. Vous l'occuperez sans embarras de vicaires ni de fabrique, et tous les jours vous pourrez venir prendre vos repas à l'évêché où votre ami sera heureux de vous recevoir. » Que n'a-t-il répondu à cet aimable appel du cher évêque ! Il aurait lui aussi cultivé un petit coin dans ce vaste champ arrosé des sueurs de tant de généreux ouvriers. Chère Eglise de Sainte-Rose ! Vous avez eu, je n'en doute pas, un pasteur bien plus dévoué que celui que voulait vous donner votre évêque. Mais je ne puis me défendre d'un vif regret d'avoir laissé échapper cette heureuse occasion d'aller, modeste ouvrier, glaner quelques épis dans cette grande moisson de l'Indiana.

Avec des prêtres pour le ministère, il fallait encore des religieuses pour les pensionnats et les écoles. Le monastère de Sainte-Marie-des-Bois ne pouvait suffire aux demandes qui lui arrivaient de divers points de l'Indiana. « On nous offre continuellement de nouveaux établissements que nous sommes obligées de refuser, écrivait à sa famille la généreuse François-Xavier. Cela me va droit au cœur, continuait l'ardente religieuse, quand je vois dans mon esprit tant de personnes en France occupées à des riens, et que je me rappelle les années que j'ai passées ainsi, je pousse de gros soupirs. Priez Dieu de nous envoyer des sujets choisis par Lui et propres à son œuvre, qui est mûre et ne demande que des ouvriers. »

Ailleurs, elle écrit encore :

« La population européenne prend un accroissement rapide. Il arrive tous les jours des centaines d'Allemands et d'Irlandais. On nous demande de tous côtés. Si nous avions aujourd'hui soixante sœurs de plus, elles seraient employées demain. Nous avons bien besoin de sujets, mais il nous les faut solides (1). »

Or, ces vocations fortes et solides, telles que les demandait la fervente Sœur de Sainte-Marie-des-Bois, le ciel les prépara dans la Maison-Mère des religieuses de la Providence, à Ruillé-sur-Loir, et ce fut Mgr de Saint-Palais qui les recruta pour son diocèse. L'évêque se rendit dans cette communauté. Il parla de ses chères filles de Sainte-Marie-des-Bois, de la prospérité du pensionnat qu'elles dirigeaient, des demandes de plusieurs villas qui sollicitaient, avec de vives instances, de semblables maîtresses pour leurs enfants. Il parla de la mère Théodore et de la sœur Irma Le Fer de la Motte, qu'il appela ses coopératrices, et de l'apostolat qu'elles accomplissaient au milieu des jeunes filles américaines.

(1) *Vie et lettres d'Irma Le Fer de la Motte.*

L'appel adressé par Monseigneur, produisit une sorte de commotion électrique sur l'assemblée, et toutes les sœurs étaient prêtes à se lever pour suivre le prélat. Il fallut faire un choix, et ce fut comme une déception pour celles qui ne firent point partie de cette émigration lointaine.

Monseigneur fut ensuite appelé à Saint-Servan, petite ville assise sur les bords de l'Océan, en face de Saint-Malo, où la charité d'un humble vicaire, le saint abbé Le Pailleur, venait de créer, à l'aide de quelques pieuses jeunes filles du peuple, un institut admirable, qui porte le nom béni de *Petites Sœurs des Pauvres*, et qui, né d'hier, a ouvert déjà ses asiles sur tous les points du monde catholique. Dans cette petite ville vivait une ancienne famille chrétienne, composée de douze enfants qui n'avaient eu sous les yeux que des exemples de vertu et n'avaient entendu que des leçons de foi. C'était la famille Le Fer de la Motte, qui avaient donné deux officiers à la marine de l'État, un prêtre au sanctuaire, une fille aux missions étrangères et qui allait généreusement en donner une autre. Celle qui avait pris, la première, le chemin de l'Amérique, Irma, était richement douée et réunissait les dons de la nature à ceux de la grâce. Elevée loin du monde, en face de cet océan dont la grande voix parle si haut de Dieu, elle avait senti s'éveiller en elle le désir de se consacrer à Lui. Imagination vive et poétique, elle excellait à peindre les scènes de la nature, l'intérieur du foyer et les pures affections de la famille, et par certains côtés elle semblait avoir une aimable parenté avec Eugénie de Guérin. Mais elle avait de grandes aspirations. La patrie ne pouvait suffire à son âme ardente ; il lui fallait les missions étrangères, et, obéissant à la voix du ciel, elle était partie pour l'Indiana.

Sa plus jeune sœur, Elvire, allait marcher sur ses traces. Elle aussi voulait embrasser la vie religieuse. Un moment, elle avait eu la pensée d'entrer dans la congrégation des *Petites Sœurs des Pauvres*. La visite de Mgr de Saint-Palais, qui apportait des nouvelles de sa sœur Irma, excita vivement en elle le désir de la rejoindre à Sainte-Marie-des-Bois. Elle ouvrit son âme au prélat qui l'affermit dans son dessein, et sa mère consentit généreusement au nouveau sacrifice que Dieu lui demandait.

Monseigneur avait atteint le but de son voyage. « Ce que je me proposais, écrivait-il, c'était de recueillir des fonds pour payer au moins une partie de mes dettes, c'était aussi d'enrôler des ouvriers et des ouvrières pour ma mission. Ce but a été heureusement rempli. Il est temps que je reprenne le chemin de mon diocèse. » Il s'embarqua vers la fin de septembre 1852, au Havre, avec ses nouveaux ouvriers, Mlle Le Fer et plusieurs autres sœurs qui se destinaient aux missions.

## CHAPITRE XV

### Sainte-Marie-des-Bois

Le retour de Mgr de Saint-Palais dans son diocèse fut un sujet de grande joie pour tout le clergé et pour les fidèles. On savait qu'il n'arrivait pas seul, qu'il emmenait avec lui des auxiliaires, et les populations, jusqu'alors privées du ministère du prêtre, se sentaient heureuses à la pensée qu'elles allaient enfin avoir un pasteur.

L'arrivée de Mlle Elvire Le Fer de la Motte et de ses compagnes à Sainte-Marie-des-Bois ne causa pas moins de joie à la communauté. Elles étaient attendues avec une vive impatience et chaque jour de ferventes prières s'échappaient de tous les cœurs pour obtenir une heureuse traversée. Déjà la première nouvelle du départ d'Elvire avait fait verser des larmes de joie : les postulantes et les novices avaient battu des mains et tous les yeux étaient tournés vers l'horizon pour voir si les chères voyageuses n'arrivaient pas.

Lorsque, le 11 octobre 1852, on apprit par le télégraphe que le vaisseau qui les transportait était arrivé à New-York, ce fut une immense joie. On tomba à genoux pour remercier Dieu de l'arrivée de Monseigneur et des sœurs : l'émotion avait gagné tous les cœurs et les yeux étaient mouillés de larmes.

« C'est aujourd'hui, écrivait Irma à sa mère, qu'après onze ans d'absence je vais revoir ma sœur chérie ! Oh ! puissè-je être pour elle un modèle, un appui ! — Je vais aller cette après-midi au devant de toute notre nouvelle famille. — Hier les postulantes préparèrent cinq lits pour leurs futures compagnes et elles ont eu soin de mettre sur celui d'Elvire la bonne couverture de laine que vous m'avez envoyée et du linge portant ma marque. Elles peuvent à peine étudier, tant elles ont envie de voir leurs nouvelles sœurs. Ce n'est que quatre jours avant l'arrivée du *Steamboat* que j'ai su, par une lettre de Mgr de Saint-Palais, qu'Elvire venait enfin (1). »

« Enfin je l'ai vue, je l'ai embrassée, écrivait-elle deux jours après à sa mère : je n'ai plus reconnu ses traits, mais comme j'ai vite reconnu son cœur ! C'était la famille tout entière. « Vous la retrouverez « Elvire » m'écrivait notre mère Marie. Oh oui, ou plutôt je ne l'avais jamais perdue : elle était peinte au fond de mon âme, cette chère famille ; elle y était burinée ; mais Elvire est le cadre où ces personnages si aimés se parlent et s'animent. Nos sœurs, notre père Corbe, tous enfin la trouvent délicieuse. La vieille sœur Olympiade en est rajeunie de dix ans. Je crains que nous la gâtions cette chère enfant. Merci, merci, ma mère, d'avoir consenti à nous envoyer ce trésor. »

Mme Le Fer de la Motte n'était pas moins généreuse. Elle écrivait à la mère Théodore :

« Je charge mes filles bien aimées de vous rappeler notre jour d'engagement, le vendredi, en l'honneur du Sacré-Cœur de Jésus : en ce jour là je me réunis à elles particulièrement dans le cœur de ce divin Sauveur auquel je les ai données. Qu'elles le sachent bien, je ne m'en repens pas. Si quelquefois un nuage vient obscurcir les douceurs de grands sacrifices fait à un Dieu d'amour, sa main miséricordieuse vient l'écarter. »

Elle ajoutait, cette mère admirable, dans un langage plein de charme et de cœur.

« Je soigne toujours les fleurs du jardin de mon Irma. J'ai transplanté une touffe de myosotis dans la plate-bande d'Elvire. Elles

(1) *Vie et lettres d'Irma Le Fer.*

n'ont pas besoin de me parler leur langage, ces petites fleurs bleues que mes filles aiment tant, car il y a dans mon cœur toute une vie de souvenirs pour ces chères absentes. Je les pleure à Saint-Servan, mais je leur souris à Sainte-Marie-des-Bois. Je demeure ici, et pourtant je vis avec elles. Si je les interroge au delà de l'Océan, elles répondent à mon oreille : c'est un dédoublement du cœur, une puissance mystérieuse de l'amour maternel, que les mères par nature ou par grâce peuvent seules ressentir et comprendre (1). »

L'année suivante, le 15 août 1853, Mgr de Saint-Palais présidait la cérémonie de la vêture, et la sœur Irma laissait déborder dans cette lettre la joie de son âme :

« Un mot, oui, un mot de joie et de bonheur. Notre enfant a reçu le saint habit ; elle a laissé là les vêtements du monde pour se revêtir des livrées de Jésus pauvre et méprisé. Oh ! comme votre cœur aurait pleuré de joie en la voyant si modeste et si pure au pied des autels ! Je l'offrais pour vous à Dieu cette fille de votre âme. Je l'offrais pour ma mère, pour mes sœurs, pour tous ceux que Dieu m'a donnés et qui savent apprécier un si grand bonheur. Oui, présenter une telle victime était une précieuse faveur. Aujourd'hui encore, en la regardant sous son voile noir, je me disais : Sont-ce bien mes yeux qui la voient ? Mère Théodore était, je le crois, aussi heureuse que moi-même. Monseigneur prétend qu'elle me ressemble encore plus depuis qu'elle a l'habit. »

Avec des sœurs aussi dévouées, la réputation de Sainte-Marie-des-Bois s'était répandue au loin, et les parents, pour la plupart protestants, venaient de toutes parts lui confier leurs enfants. « Notre pensionnat va très-bien, écrivait Irma. Le 31 juillet la distribution des prix a eu lieu sous les arbres de notre forêt. Les élèves ont joué une petite pièce qui a ravi les Américains. Les enfants ont été examinés et ont bien répondu. Puis est venue la distribution : mère Théodore portait les prix aux parents. Je me plaisais à voir ces hommes, si froids en apparence, s'essuyer un œil en embrassant leurs filles. Lorsque le prix d'excellence fut décerné à

(1) *Vie et lettres d'Irma Le Fer*, en religion sœur François-Xavier.

Marie G. catholique, la pauvre mère était suffoquée par les larmes en plaçant la couronne sur la tête de son enfant : Marie, lui dit-elle, serrons précieusement cette couronne, et je vous la mettrai le jour de votre mariage. Oh ! mère, dites plutôt le jour de ma prise d'habit, répondit-elle vivement. Chère enfant ! elle serait plus heureuse de la porter pour cette cérémonie que pour toute autre (1). »

En même temps qu'elles élevaient les jeunes filles, les bonnes sœurs de la Providence, pour justifier pleinement leur nom, allaient visiter les familles pauvres du voisinage, donnaient leurs soins aux malades et leur rendaient tous les bons offices qu'impose la charité.

Un des plus vifs désirs des sœurs était de faire arriver la vérité jusqu'au cœur des élèves protestantes. Mais le succès ne répondit pas d'abord à leurs efforts. « Maintenant, disait la mère Théodore, nous confions la semence à la terre : peut-être y restera-t-elle ensevelie pendant bien des années ; mais quand même la moisson serait destinée à d'autres mains, nous n'aurions pas perdu notre temps. Si aucune des filles que nous élevons ne se fait catholique, du moins leurs idées absurdes et leurs convictions erronées sur l'Eglise romaine s'évanouissent complètement, et quand, à leur tour, elles nous confieront leurs filles, nous pourrons espérer qu'elles ne s'opposeront pas à les voir devenir catholiques. Nous sommes destinées à faire le bien peu à peu et sans bruit. Il faut d'abord déraciner les préjugés protestants avant de planter les vertus catholiques (2). »

Peu à peu les préjugés s'évanouirent, la vérité se fit jour, et maintenant elles ne sont plus rares les élèves qui embrassent la foi catholique et qui se font à leur tour les apôtres de leurs familles. A côté de ces convictions il y a aussi des vocations nombreuses, et c'est dans son pensionnat que la communauté recrute la plupart de ses sœurs.

(1) *Vie et lettres d'Irma Le Fer* ou sœur François-Xavier.
(2) *Vie et lettres d'Irma Le Fer* ou sœur François-Xavier.

L'établissement, au point de vue matériel, a subi une heureuse transformation. L'ancienne maison de planche, *Lag house*, a fait place à une vaste et belle construction en briques parfaitement appropriée à sa destination, avec une station, uniquement établie pour le pensionnat, du chemin de fer qui relie Indianopolis à Saint-Louis. La chapelle primitive, si humble et si pauvre, a été remplacée par une élégante église en briques. Ce fut un beau jour que celui où, au mois d'août 1853, Mgr de Saint-Palais, consacra ce nouveau sanctuaire. Cette touchante cérémonie fit verser bien de douces larmes. « Oh! comme nous avons pleuré, écrivait Irma! Monseigneur et notre Père Corbe étaient bien émus; M. Audran en a eu la fièvre par l'impression qu'il a ressentie. Ah! c'est à lui et à nous, enfants de la misère et de la détresse, qu'il appartenait de savourer ce bonheur. »

Mgr de Saint-Palais porta toujours le plus vif intérêt à son cher établissement de Sainte-Marie-des-Bois. Il présidait toutes les cérémonies de prise d'habit et de profession. Il assistait tous les ans, entouré de plusieurs prêtres, à la distribution des prix du pensionnat, et sa parole bienveillante et paternelle était, comme sa présence, un précieux encouragement pour le zèle des maîtresses et pour l'application des élèves. Il bénissait avec joie ces jeunes enfants qui l'entouraient avec un respect filial, et il sentait que cette bénédiction ferait germer plus d'une vocation parmi les élèves catholiques et éveillerait peut-être au cœur des protestantes le désir d'embrasser le catholicisme. Que de fois ces pauvres enfants enviaient le bonheur de leurs compagnes et laissaient échapper cette parole de regret qui trahissait leur pensée la plus intime. « Que vous êtes heureuses, vous ! vous êtes nées de parents catholiques! »

Un jour, pendant que Mgr de Saint-Palais se trouvait à Sainte-Marie-des-Bois, une jeune enfant protestante de sept ou huit ans, qui par instinct plutôt que par raison, manifestait le désir de se faire catholique, se présenta toute désolée devant lui et lui dit ingénuement qu'elle avait vu en songe, la nuit précédente, son ange gardien qui ne voulait pas la laisser entrer au ciel parce qu'elle n'avait pas de catéchisme. « Eh bien! mon enfant, lui répondit Monseigneur, je vais vous faire donner un catéchisme. » Et le prélat, lui parlant avec bonté, lui recommanda d'être bien sage et de prier avec ferveur pour que ses parents protestants consentissent à ce qu'elle devînt catholique. Les prières de la naïve enfant furent exaucées, et quelques années après elle avait la joie d'embrasser, avec le consentement de sa famille, la foi catholique.

Quelquefois ce n'était pas assez pour ces jeunes converties d'avoir reçu le baptême. Elles aspiraient plus haut; elles manifestaient le désir de renoncer au monde pour se donner à Dieu et elles devenaient de ferventes religieuses, n'ayant qu'une pensée, faire connaître la vérité à leurs compatriotes.

Irma, qui portait en religion le nom de sœur François-Xavier, et qui avait quelque chose de l'ardeur et de l'héroïsme de son patron, exerçait un doux et puissant ascendant, au sein de la communauté, par ses talents et sa piété. Elle avait le don de captiver les âmes et de les attirer au bien et il y avait dans ses manières et son langage quelque chose d'insinuant qui subjuguait tous ceux qui l'approchaient. La grâce avait ajouté une vertu surnaturelle à cette nature choisie, et les novices comme les élèves subissaient ce charme irrésistible. C'était vraiment la femme apôtre, et ses exemples comme sa parole, tout en elle entraînait les âmes à Dieu. Que de retours au bien, que de conversions qui ont été le fruit de son zèle? Irma et *Motther* Théodore ont été comme les deux colonnes de ce bel établissement qui leur doit tout son éclat et toute sa popularité dans l'Indiana.

Tandis que les sœurs de la Providence répandaient autour d'elles la bonne odeur de Jésus-Christ, et qu'Irma de La Motte, « humble fleur transplantée des bords aimables de la Rance au fond des forêts du Nouveau-Monde, exhalait ses parfums et donnait ses fruits, » non loin de là d'autres femmes non moins généreuses, les religieuses françaises du Sacré-Cœur, ayant à leur tête l'admirable M^me^ Duchesne, qui avait elle aussi un cœur d'apôtre, multipliaient leurs stations le long du Missouri, ouvraient des écoles et recueillaient les jeunes filles pour les élever et les former à la vertu. La Providence et le Sacré-Cœur se donnaient ainsi la main dans l'Amérique du Nord, et concouraient au même but, l'éducation chrétienne des jeunes filles et le salut de la famille par les sentiments religieux des enfants.

Ce sont ces femmes dévouées qui ont été les auxiliaires des missionnaires dans le Nouveau-Monde et qui leur ont préparé les voies. Le mouvement catholique des Etats-Unis est en partie leur œuvre. Elles prient dans les monastères, elles élèvent les jeunes générations, elles dirigent les orphelinats, soignent les malades dans les hospices, visitent les pauvres dans leurs tristes réduits et apparaissent partout où il y a des affligés à consoler et des malheureux à secourir. Elles sont les missionnaires de la charité, et ce genre d'apostolat fait aussi des conquêtes.

## CHAPITRE XVI

**Les Congrégations religieuses dans l'Indiana. — Les Eudistes. — Les Prêtres de Sainte-Croix. — Les Bénédictins. — Les Orphelinats de Vincennes. — Le premier concile provincial de Cincinnati.**

Les congrégations religieuses sont les plus utiles auxiliaires des missionnaires, comme du clergé des paroisses, au sein de notre patrie. L'éducation et les œuvres de charité, voilà le vaste champ qui s'offre à leur dévouement. Elles sont le complément nécessaire de la prédication évangélique, et on les voit paraître partout où sont passés les apôtres. Les jésuites avaient été les premiers missionnaires de l'Amérique, et c'est sur la tombe d'un jésuite massacré par les tribus sauvages, que fut construite la ville de Vincennes.

Cette mort appelait, avec des missionnaires, de nouveaux religieux. Ceux-ci sont venus à la suite des premiers évêques qui ont fondé l'église de Vincennes. Ce sont d'abord les Eudistes qui se sont consacrés à l'éducation de la jeunesse et qui ont ouvert, au pébut de l'épiscopat de Mgr Bruté, un collège au sein de la ville épiscopale. Nous voyons ensuite les Pères de Sainte-Croix-du-Mans, qui établissent un collège à Notre-Dame-du-Lac, avec un orphelinat dirigé par les frères de cet institut. Les Bénédictins arrivent en 1853, pendant l'administration de Mgr de Saint-Palais, qui les avait appelés. Cette colonie de l'ordre Bénédictin vient du célèbre sanctuaire de Notre-Dame-des-Ermites, — abbaye d'Ensielden — en Suisse. Monseigneur les accueillit avec les témoignages de la plus paternelle affection, convaincu qu'une maison de Bénédictins serait un immense bienfait pour la contrée. Il leur exprima le désir de les voir se charger du soin des paroisses et accepter la vie active du ministère. Cet établissement monastique était destiné à devenir, en même temps, une mission et un point central, où les prêtres séculiers du diocèse trouveraient des auxiliaires pour leurs paroisses et un lieu de recueillement pour les retraites ecclésiastiques. Les Bénédictins devaient aussi se consacrer à l'éducation, de sorte que cet établissement était appelé, dans la pensée de leurs fondateurs, à devenir pour la jeunesse américaine ce qu'est le monastère d'Ensielden pour la jeunesse suisse.

« Lorsque nous avons traversé les vastes plaines et les forêts de l'Indiana, écrivait un des missionnaires Bénédictins, il nous semblait être de nouveau transportés dans la Suisse, notre chère patrie. Ce n'est pas qu'on y rencontre ces gigantesques montagnes, ces torrents impétueux et ces cascades écumantes, qu'on admire à chaque pas en Suisse. »

« Les habitants de l'Indiana forment un peuple bon, d'un caractère simple et ouvert : la corruption n'a pas encore pénétré dans ses mœurs. On remarque en lui, dans sa meilleure partie, des traits frappants de ressemblance avec nos populations de la Suisse. Il se montre du reste très disposé à recevoir l'instruction religieuse. »

« A ceux de nos confrères qui viendront se joindre à nous, nous promettons une vie pleine de travaux et de privations de tout genre. Beaucoup de personnes considèrent l'Indiana comme le pays des pauvres. Dans ce cas, le vrai Bénédictin y sera parfaitement à sa place. Si nous sommes véritablement animés de l'esprit de notre saint fondateur, en venant habiter une région inculte et déserte, il nous arrivera, nous l'espérons, ce qui est arrivé en mille autres contrées délaissées et arides, que nos pères d'Europe ont voulu habiter de préférence à tout autres. Entre leurs mains, les solitudes se sont fertilisées et sont devenues des contrées florissantes, sur lesquelles les bénédictions du ciel tombaient comme une douce rosée. De même, un jour, dans ce monde translantique, la terre stérile portera des fruits, et selon les paroles du Roi-Prophète, les déserts deviendront de gras pâturages, les montagnes se pareront d'abondance, les troupeaux se couvriront de riches toisons et les vallées seront remplies de froment » (1).

Les Bénédictins ont commencé à réaliser cet oracle des Livres Saints et ils ont déjà défriché et fécondé de leurs sueurs, comme autrefois leurs pères en Europe, les savanes et les forêts de la contrée qu'ils habitent. Ils défrichent aussi le champ non moins inculte de l'intelligence et ils continuent dignement les traditions des anciennes abbayes bénédictines.

Une des œuvres principales de l'épiscopat de Mgr de Saint-Palais, à laquelle il a consacré une large part de ses ressources avec toute sa sollicitude, et qui est devenue son œuvre de prédilection, c'est la fondation des deux orphelinats de Vincennes.

Le bon évêque avait été vivement préoccupé du triste sort de tant de pauvres orphelins exposés au danger de perdre la foi dans les asiles soumis à une direction protestante, et il résolut de les soustraire à ce péril. Il ouvrit, aux portes de Vincennes, deux orphelinats, l'un pour les garçons et l'autre pour les filles, et il plaça à leur tête les sœurs de la Providence dont le cœur répondait si bien à cette œuvre. A l'appel de Monseigneur, elles vinrent de Sainte-Marie-des-Bois pour se faire les mères des orphelins. Mais comment entretenir cette nouvelle famille ? L'évêque y consacra les faibles ressources dont il pouvait disposer, et plus

(1) *Recueil de la Propagation de la Foi*. Tome XXV.

d'une fois il partagea avec ses enfants d'adoption les modestes provisions qui lui restaient. Les offrandes des catholiques et quelquefois aussi celles des protestants lui vinrent en aide.

La charité est industrieuse : une heureuse inspiration augmenta les ressources de l'établissement. La principale industrie de Vincennes consistait, à cette époque, dans le commerce de la viande de porc. Or, dans la préparation qu'on faisait subir à cette viande pour l'exporter au loin, on rejetait comme sans valeur les pieds de ces animaux. Monseigneur avec son esprit éminemment pratique, se dit qu'on pourrait tirer parti de ces pieds jetés au rebut, et il n'hésita pas à les faire recueillir pour servir à la nourriture des orphelins. Il fit demander à tous ceux qui se livraient à ce commerce de réserver pour ses deux orphelinats les pieds des animaux qu'on préparait pour l'exportation. Les sœurs se firent solliciteuses et allèrent recueillir de maison en maison ces dons de la charité publique. Ces quêtes furent fructueuses et grâce à ce surcroît de provisions les orphelins eurent une nourriture assurée.

« Nos petits orphelins vont très bien, écrivait Irma, qui était quelquefois envoyée à l'*Orphan Asylum* de Vincennes. Nous en avons une quarantaine. Ils prient Dieu avec une grande ferveur. Je ne sais quand nous commencerons notre école pour les nègres que Monseigneur doit me confier. Je trouve peu de gens à vouloir m'aider. Les pauvres nègres ne sont guère en honneur dans ce pays » (1).

La sœur Irma y fit une fois un séjour de plusieurs mois, et ce fut une grande joie pour elle de se trouver au milieu de ses chers orphelins. Tous se pressaient autour d'elle ; chacun voulait lui faire voir combien il savait de cathéchisme ou de prières. Aussi lorsqu'elle les quitta pour rentrer à Sainte-Marie-des-Bois, tous firent éclater les regrets les plus vifs, et après son départ, ils ne cessaient de parler de la bonne sœur et de leur désir de la revoir.

Mgr de Saint-Palais résolut d'établir l'œuvre de la Propagation

(1) *Vie et lettres d'Irma Le Fer de la Motte,* ou sœur François-Xavier.

de la Foi dans l'Indiana, et il chargea de ce soin la sœur Irma dont il connaissait le zèle pour le salut des âmes. Sous sa direction active et dévouée, l'œuvre prit un rapide accroissement, et elle parvint à former, en peu de temps, quarante dizaines.

Cette œuvre fondée en Amérique était un témoignage de reconnaissance pour la Propagation de la foi. L'Indiana s'efforçait ainsi de rendre une part des services qu'il avait reçus et prélevait sur ses ressources une aumône pour les missions étrangères.

Ce fut aussi sous le patronage de Mgr de Saint-Palais, que la généreuse Irma, dont le zèle ne connaissait point de repos, établit l'*œuvre de Sainte-Marie-du-Temple*, dans le but de procurer, soit par le travail, soit par des dons, le moyen de décorer les églises pauvres, d'entretenir les autels et de pourvoir aux besoins de cette admirable institution qui réalisait d'une manière touchante cette parole du Prophète-Royal : « Seigneur, j'ai aimé la beauté de votre demeure et le lieu où réside votre gloire. »

Cependant l'église d'Amérique continuait à tenir ses sessions triennales. Jusqu'à cette époque les conciles provinciaux avaient eu lieu à Baltimore, sous la présidence de l'archevêque de cette ville. Mais l'église de Cincinnati ayant été élevée par le Saint-Siège à la dignité d'église métropolitaine, ce fut dans cette ville que se tint, au mois de mai 1855, le premier concile provincial. On y compta, sous la présidence de l'archevêque, six évêques suffragants, parmi lesquels se trouvait l'évêque de Vincennes.

Avant de se séparer, les évêques voulurent envoyer l'hommage de leur reconnaissance aux Conseils de l'œuvre de la Propagation de la Foi pour la généreuse assistance qu'ils en avaient reçue. Nous voyons dans leur lettre que nous reproduisons une peinture fidèle de la situation religieuse de cette province.

« Nous devons le confesser hautement, disent-ils, notre jeune église d'Amérique languissait, elle éprouvait même des pertes déplorables, avant que votre association vînt à notre secours. Depuis, une grande amélioration s'est opérée : les lumières de la foi ont été portées plus régulièrement et plus efficacement à nos pauvres indigènes; le nombre des conversions parmi nos frères errants s'est augmenté; nos catholiques accourus ici de toutes les parties de l'Europe, et disséminés çà et là au milieu de nos forêts ou de nos villes, ne sont plus, comme autrefois, exposés sans protection aux artifices de l'erreur ou aux fatales conséquences de l'ignorance; un clergé plus nombreux les visite, les console, les protège contre les pièges et les persécutions de ces derniers temps. A la place de la hutte sauvage ou du foyer rustique où nous offrions naguère la Victime sainte, où nous distribuions le pain de la parole, nous avons vu s'élever des chapelles, des églises, des cathédrales où le catholique est encouragé, fortifié, et où le protestant de bonne foi se dépouille de ses préjugés et de sa haine contre l'Eglise de Jésus-Christ. Nos séminaires, source de science et de vertus ecclésiastiques, s'organisent et commencent à nous fournir des sujets. Nous n'essayerons pas de vous dire combien fut grand le nombre d'orphelins que l'Eglise a perdus, et qu'elle compte maintenant au nombre de ses ennemis les plus violents; je ne parle pas non plus de cette multitude de malades qui ont réclamé en vain les consolations de la foi à leur dernière heure; ni de ces milliers d'enfants qui, dès leur jeunesse, ont bu à la coupe de l'erreur et de l'indifférence dans nos écoles publiques. Il y a cinquante ans que l'Eglise du Nouveau-Monde gémit et pleure sur la perte de ses enfants infortunés; il y a cinquante ans qu'elle travaille à fermer ses blessures mortelles. Oh! que le ciel soit béni! Ici, comme partout, la vieille foi a des remèdes à tous les maux, des consolations pour toutes les douleurs; elle a commencé à fonder ses écoles, ses communautés religieuses, ses hôpitaux, ses asiles. A l'adolescence elle donne un maître pour lui enseigner tout à la fois ses devoirs de citoyen et la route du ciel; à l'orphelin et au malade elle donne une mère et une sœur de charité; voilà comment peu à peu notre Eglise naissante répond à sa noble mission. »

« Mais qui lui a donné force et vie? Qui la soutient aujourd'hui au milieu des périls et de la lutte acharnée qu'elle éprouve? Nous devons le publier, la Providence a suscité votre œuvre, messieurs, comme un des moyens les plus efficaces, pour préparer et achever son triomphe sur cet hémisphère. Mais ce n'est pas assez de le reconnaître, c'est pour nous un devoir de vous imiter. C'est pourquoi, à la sollicitation du Saint-Père, et pour céder à la voix de notre conscience, nous nous sommes empressés d'établir l'œuvre de la Propagation de la Foi ; seulement nous regrettons qu'en raison de la crise financière et de la cherté des vivres qui se fait si cruellement sentir cette année, le résultat de nos efforts ne réponde pas à notre attente. Nous espérons cependant que des temps meilleurs nous aideront bientôt à verser une aumône plus abondante dans le trésor commun de votre œuvre, et d'offrir par là à votre sage administration une faible compensation pour vos longs et généreux bienfaits ».

C'est en ces termes que l'épiscopat de la province de Cincinnati remerciait l'œuvre de la Propagation de la Foi et signalait tout le bien qu'elle avait contribué à accomplir dans le Nouveau-Monde. Le diocèse de Vincennes avait une large part dans les allocations du Conseil, c'est grâce à ce secours que les orphelinats, les écoles et les diverses missions étaient entretenues.

## CHAPITRE XVII

**Troisième voyage de Mgr de Saint-Palais en France. — Séjour à Nimes. Arrivée à Rome. Visite à sa Sainteté Pie IX. Mgr Bessieux, vicaire apostolique des Deux-Guinées.**

En 1852, au moment de quitter la France pour rentrer en Amérique, Mgr de Saint-Palais écrivait à un de ses amis : « Je reviendrai dans quelques années pour aller déposer mes hommages aux pieds du Souverain-Pontife et lui rendre compte de mon administration et de l'état de l'Église de Vincennes. » Or, ce fut en 1859, sept ans après son second voyage, que Monseigneur réalisa sa promesse.

Après avoir débarqué au Havre, il alla passer quelques jours au sein de sa famille pour se reposer des fatigues de la traversée.

Après une visite faite à chacun de ses frères, il s'achemina vers Rome, objet principal de son voyage, en saluant tous les amis qui se trouvaient sur sa route. Il fit une première halte à Saint-Pons chez son digne ami, M. l'archiprêtre de Bonne, comme lui ancien élève de Saint-Sulpice. A Montpellier, il retrouva l'accueil si cordial qu'il avait reçu une première fois de Mgr Thibault, évêque de cette ville, et il eut le regret d'apprendre que le R. P. Soulas, le généreux missionnaire dont il avait gardé un si bon souvenir, avait couronné par une sainte mort une vie entièrement consacrée à l'apostolat des missions et aux œuvres de charité.

A Nimes, il était attendu par ce compatriote, cet ami auquel il avait bien voulu donner, comme un témoignage de sympathie, des lettres de vicaire-général de Vincennes, bien entendu avec dispense de résidence. Il consentit à prolonger son séjour dans cette ville pour répondre aux aimables prévenances dont il se vit entouré. Le chapitre de la Cathédrale, informé de son arrivée, vint, en l'absence de Mgr Plantier qui était à Rome, l'inviter à célébrer solennellement la messe pontificale, le jour de l'Epiphanie. Le soir, après les vêpres, cédant aux instances qui lui furent faites, il monta en chaire et raconta dans un langage émouvant les vicissitudes et les progrès de la mission de Vincennes. L'Église cathédrale était comble et la parole pathétique de l'évêque-missionnaire laissa une impression profonde dans ce vaste auditoire.

Le proviseur du Lycée s'associa à l'aumônier pour fêter la présence d'un hôte aussi distingué, et ce fut dans l'établissement, entre les maîtres et les élèves, un concert de marques de respect et d'attentions délicates dont Monseigneur fut vivement touché. Le nom du chef de l'administration et celui de Mme Des Rivières qui se trouve dans plusieurs de ses lettres, avec le souvenir du Lycée, laissa dans son cœur un sentiment de gratitude profonde. Le R. P. d'Alzon, supérieur général des Augustins de l'Assomption et vicaire-général, se faisant l'interprête des sentiments de son évêque absent, invita Mgr de Saint-Palais avec plusieurs ecclésiastiques et lui fit avec la plus gracieuse courtoisie les honneurs de son établissement. Monseigneur se plut à lui rappeler qu'étant séminariste, il avait eu ses deux sœurs dans le catéchisme de persévérance qu'il faisait à l'église de Saint-Sulpice et qu'il n'avait pas oublié la haute piété qui les distinguait.

L'évêque de Vincennes eut la joie de rencontrer à Nimes un de ses anciens condisciples d'Albi, M. de Gorsse, dont la famille était alliée à la sienne, et ce fut ponr tous les deux une rencontre pleine de charme. Quelles agréables causeries et quels épanchements affectueux! Il y avait de si longues années qu'ils ne s'étaient vus! Ils ne se lassaient pas de remonter ensemble le cours de leurs années, d'évoquer les souvenirs de leur première jeunesse, de raconter les divers événements de leur vie, et ces communications intimes, ces retours vers le passé furent comme un rajeunissement pour leur cœur et la source des émotions les plus touchantes.

Monseigneur dut s'arracher aux douceurs de cette hospitalité si cordiale que tout le monde se disputait l'honneur de lui offrir, pour accomplir le but principal de son voyage, la visite au Saint-Père. Il rencontra en route un de ses vénérables collègues d'Amérique, l'évêque de London, dans le haut Canada, qui se rendait comme lui à Rome pour aller porter ses hommages à Pie IX et ils allèrent loger ensemble à la maison de Sainte-Brigitte, place Farnaise, où résidait les Pères de la Congrégation de Sainte-Croix-du-Mans. Le R. P. Drouelle, supérieur de la communauté, les reçut avec un joyeux empressement. Mgr de Saint-Palais ne lui était pas inconnu. Il l'avait vu à Vincennes lorsque, en qualité de visiteur, il était allé inspecter les établissements de sa congrégation dans l'Indiana, le collège et l'orphelinat de Notre-Dame-du-Lac. Il avait reçu l'hospitalité sous le toit épiscopal, et il l'accueillit avec bonheur dans sa communauté. L'évêque de London partagea cet accueil hospitalier, et les deux prélats américains se concertèrent pour faire ensemble leurs courses dans Rome. Leur première visite fut pour le cardinal Siméoni, préfet de la Propagande, de qui relève le personnel des missions étrangères, et ils lui rendirent compte de l'état de leurs diocèses. Ils furent ensuite admis à l'audience du Souverain-Pontife. Mgr de Saint-Palais, à son retour, se plaisait à nous raconter la profonde émotion dont il fut saisi lorsqu'il se vit aux pieds de Pie IX. Le Saint-Père le releva avec bonté et l'interrogea avec le plus vif intérêt sur la situation du catholicisme dans l'Indiana. Il lui donna ensuite sa bénédiction paternelle pour ses prêtres, pour les fidèles et pour toutes ses œuvres.

Monseigneur avait été chargé par un de ses diocésains, originaire de France et établi à Vincennes, de présenter une modeste offrande au Souverain-Pontife. C'était un flacon de vin qui provenait de quelques plants américains qu'il cultivait dans son jardin. Cette humble offrande rappelait ce tonnelet de vin qu'un vigneron de Bosco avait envoyé à son illustre compatriote saint Pie V. Pie IX ne fut pas moins touché que son glorieux prédécesseur du sentiment qui avait porté ce bon catholique à lui envoyer un semblable hommage.

Monseigneur ne passa à Rome que quelques semaines. Il consacra ce temps à visiter les monuments de la Ville Éternelle, depuis les basiliques et les monastères jusqu'aux ruines si imposantes de l'ancienne puissance romaine. Il faisait toutes ces courses à pied avec son collègue du Canada, et les deux évêques s'en allaient seuls comme deux simples prêtres, à travers les rues de Rome, errant un peu à l'aventure et s'arrêtant dans toutes les églises qui se trouvaient sur leurs pas. Or, on leur fit observer que l'étiquette romaine s'opposait à ce que deux évêques se montrassent dans les rues, sans être accompagnés d'un ecclésiastique qui fût considéré comme leur aumônier. Mais les deux prélats, avec leurs habitudes américaines avaient peine à comprendre qu'il fût nécessaire d'avoir un prêtre avec eux. Ils se soumirent néanmoins à cette observation, et pour désarmer la critique, ils eurent recours à un moyen aussi simple qu'ingénieux. Accoutumés à la vie pauvre des missionnaires, ils ne voulurent pas grever leur budget de la dépense qu'occasionnerait l'entretien d'un prêtre attaché à leur suite en qualité de secrétaire. Ils s'arrêtèrent à un expédient qui eut le mérite de sauvegarder à la fois les convenances et cette économie sévère dont un évêque des Missions étrangères ne peut se départir. Il fut convenu que chacun des deux prélats remplirait, à tour de rôle, les fonctions d'aumônier auprès de son collègue qui garderait seul ses insignes d'évêque.

Le plus jeune des deux, le lendemain, accepte gaiement son rôle, cache avec soin sa croix pastorale sous sa soutane noire, enlève les glands de son chapeau et se tient dans une humble attitude, comme un simple prêtre, à côté de son collègue Le succès est complet et partout où ils paraissent, on s'empresse autour de l'évêque, tandis que le prêtre qui l'accompagne n'est l'objet d'aucune attention. Quand les deux prélats rentrèrent le soir à Sainte-Brigitte, ils s'applaudirent d'avoir eu recours à ce procédé et ils racontèrent en riant les aventures de la journée. Le jour suivant les rôles furent intervertis. L'évêque de la veille devint simple prêtre le jour suivant, et l'humble secrétaire, redevenu évêque, reçut les honneurs dûs à sa dignité. Ce moyen n'entraînait aucune dépense et avait l'avantage de mettre les deux prélats en frais de bonne humeur. Il en aurait trop coûté à chacun d'avoir un secrétaire à sa suite : mais il leur en coûta peu de se faire eux-mêmes secrétaires et de se mettre réciproquement au service l'un de l'autre.

Rome était encore à cette époque la ville des Papes, et l'on y respirait ce parfum de foi qui s'échappait de ses églises, de ses cloîtres et des pompes de ses fêtes religieuses. L'invasion piémontaise n'avait pas encore altéré cette physionomie catholique que la Papauté lui avait imprimée. Les prêtres et les fidèles qui venaient des diverses contrées du monde se sentaient comme chez eux, quand ils étaient à Rome, et cette ville était pour eux une seconde patrie, la patrie de l'âme. Ils savaient que l'autorité qui gouvernait dans Rome était l'autorité d'un Père, et ils s'inclinaient avec amour sous cette main auguste qui bénissait la ville et le monde. Pie IX n'était pas encore prisonnier au Vatican et il se montrait à son peuple que la Révolution n'avait pas encore égaré. Les étrangers étaient témoins des fêtes pontificales, et Mgr de Saint-Palais eut plus d'une fois la joie d'y assister. Ainsi, le 2 février, fête de la Purification de la

Sainte-Vierge, il se trouva, dans la basilique de Saint-Pierre, à la bénédiction et à la distribution des cierges faite par le Souverain-Pontife et il reçut de la main de Pie IX un cierge bénit qu'il conserva comme un précieux souvenir de cette fête. Il vit les cérémonies et il entendit les chants de la chapelle Sixtine ; plus d'une fois il rencontra dans les rues la voiture pontificale qui conduisait le Saint-Père à quelque église, à quelque monastère qu'il allait visiter, et l'évêque saluait avec émotion cette figure sereine, affable et souriante que l'ingratitude des Romains n'avait pas encore assombrie.

Ce fut pendant son séjour que fut décidée la création à Rome du collège ecclésiastique de l'Amérique du Nord pour l'éducation des jeunes clercs des États-Unis qui viendraient y puiser, avec l'esprit sacerdotal, cette science théologique dont la ville pontificale demeure le foyer. Il ne soupçonnait pas que c'est de ce pieux établissement dont il voyait la fondation que sortirait un jour son successeur.

Après une dernière audience du Saint-Père, Mgr de Saint-Palais rentra par la voie de mer en France. Nous eûmes à Nimes les prémices des impressions qu'avaient laissées dans son cœur sa visite au tombeau des Saints Apôtres. Il s'empressa d'aller porter aux membres de sa famille les chapelets et les autres objets de piété bénits par Pie IX. A La Salvetat, à Peyrins, à Castres, à Lavaur, à Albi, à Toulouse, il laissa, comme un souvenir de son passage, le récit de son séjour dans la Ville Eternelle.

Monseigneur n'oubliait pas dans ce nouveau voyage les intérêts de son diocèse. Les sœurs de Sainte-Marie-des-Bois l'avaient prié de leur apporter de France une statue de la Sainte-Vierge qu'elles désiraient placer dans leur jardin. Monseigneur avait la pensée de leur offrir cette statue comme un souvenir de sa patrie, et il s'adressa au prêtre qu'il avait nommé vicaire-général honoraire de Vincennes pour qu'il prît à cœur les intérêts du diocèse et qu'il sollicitât la charité des personnes de sa connaissance en faveur de cette œuvre. C'était fournir à cet ami reconnaissant l'occasion de donner une marque de sympathie à l'Eglise de Vincennes et de concourir à une œuvre de charité.

Le séjour de Mgr de Saint-Palais en France coïncida avec celui d'un autre évêque-missionnaire, originaire comme lui de l'arrondissement de Saint-Pons et comme lui chanoine d'honneur de la cathédrale de Montpellier, de Mgr Bessieux, de la Congrégation du Saint-Esprit et du Saint-Cœur de Marie, évêque de Gallipoli et vicaire apostolique des Deux-Guinées. Ce saint évêque avait usé sa santé dans un laborieux apostolat, sous le ciel brûlant du Gabon, sur la côte occidentale d'Afrique, évangélisant les noirs, faisant l'école aux enfants, donnant à ces populations paresseuses l'exemple du travail des mains, défrichant le sol, le fécondant de ses sueurs et changeant en champs fertiles des plages marécageuses. Miné par la fièvre, par la dyssenterie et par une hépatite, le généreux apôtre, après avoir été plusieurs fois aux portes du tombeau, était revenu demander au climat de sa patrie le rétablissement de sa santé. Il quittait Paris pour rentrer au Gabon, lorsque Mgr de Saint-Palais y arriva. Les deux évêques, qui pouvaient se considérer comme compatriotes, se connaissaient sans s'être jamais rencontrés. Ils avaient entendu parler l'un de l'autre, soit au petit séminaire de Saint-Pons où Mgr Bessieux avait laissé de si précieux souvenirs, soit à Castres où tous les deux avaient des amis. Ils avaient été appelés, la même année, à la dignité épiscopale et l'archiprêtré de Saint-Pons avait la gloire de compter à la fois deux évêques aux Missions étrangères. Partis de deux villages du même arrondissement, ils étaient allés évangéliser, l'un la plage occidentale d'Afrique, l'autre, l'Amérique du Nord, et tous les deux sont morts sur le théâtre de leur apostolat, au service des âmes. Sans s'être jamais vus en ce monde, ils se sont réunis dans une même pensée de dévouement et de charité. Leur nom béni rappelle le détachement, le sacrifice et l'immolation; mon cœur qui les a connus et aimés tous les deux les associe dans un même sentiment de vénération et d'amour, et ma plume leur rend avec émotion dans cette page un commun hommage de reconnaissance et d'admiration.

## CHAPITRE XVIII

**Rentrée de Mgr de Saint-Palais à Vincennes. Guerre de sécession dans les États-Unis de l'Amérique du Nord. Dévouement des aumôniers catholiques et des sœurs.**

Mgr de Saint-Palais, après avoir recommandé les besoins de son Eglise aux Membres du Conseil de la Propagation de la Foi de Lyon, après avoir recueilli des aumônes, recruté des ouvriers et embrassé une dernière fois les membres de sa famille et ses amis, avait repris la mer pour retourner en Amérique. Après une heureuse traversée, il rentrait dans son diocèse avec de nouveaux collaborateurs et avec la bénédiction apostolique que Pie IX envoyait à ces enfants du Nouveau-Monde, et il allait reprendre les soins de l'administration avec un zèle que l'absence n'avait fait qu'augmenter.

L'Eglise de Vincennes voyait augmenter le nombre des catholiques, soit par les conversions, soit surtout par l'émigration étrangère. De nouvelles chapelles s'élevaient de toutes parts, à mesure la culture s'étendait dans les savanes et les forêts. Les Bénédictins, établis dans l'Indiana, se montraient les dignes successeurs de ceux qui défrichèrent autrefois une partie de l'Europe et se livraient avec une égale ardeur à la culture du sol et à celle des âmes.

La colonie monastique, à son début, ne rencontra dans la région confiée à son zèle que quelques habitations isolées au milieu de vastes défrichements. Mais peu à peu ces habitations avec leurs dépendances se multiplièrent, se rapprochèrent et prirent l'aspect de véritables villages. Il se forma deux districts, l'un appelé *Saint-Meinrad*, du nom du saint patron de l'abbaye de Notre-Dame-des-Ermites ; et l'autre, la *Terre-Haute,* ainsi nommé à cause de son altitude.

Le premier est composé en majorité d'Allemands catholiques et comprend cinq comtés situés dans la partie sud-ouest de l'Indiana. Il y a une quarantaine d'années ce district n'était qu'une immense forêt vierge. Le premier missionnaire qui parut dans cette contrée pour visiter une famille française et quatre familles de colons allemands fut l'abbé Maurice de Saint-Palais. C'était dans les premières années de son ministère. Il n'échappa pas à son regard pénétrant que ce pays était appelé par sa situation à recevoir de nombreux établissements agricoles et à devenir un centre de population, et il engagea son évêque, Mgr Bruté, à y placer un missionnaire. Ce fut une heureuse inspiration qui ne tarda pas à produire de très grands résultats. Le missionnaire qui fut désigné pour ce poste, homme de zèle et de dévouement, déploya une activité infatigable pour former un centre de réunion pour les catholiques allemands. Il fonda, sur un terrain qu'il avait acheté, la ville de *Ferdinand*, du nom de son souverain, l'empereur d'Autriche. Bientôt les colons affluèrent, et c'est aujourd'hui une paroisse considérable, possédant une belle église avec des orgues, une maison d'école, un établissement de Religieuses, et dans le voisinage le monastère bénédictin, qui rappelle la maison-mère d'Einsieldeln, en Suisse. Lorsque plus tard, Mgr de Saint-Palais, dans ses tournées pastorales, visita ce district, quelle douce joie dût éprouver son cœur en voyant ses prévisions d'autrefois si merveilleusement réalisées! Là où vingt ans auparavant il n'avait rencontré que quelques habitations isolées et quelques essais de défrichement, il voyait des villes d'avenir et des chrétientés florissantes. Là se trouvent *Jasper*, la paroisse-mère de tous le district, les *Célestins; Fulda*, fondée par des colons qui lui ont donné le nom de leur patrie allemande ; *Canelton*, peuplée en majorité d'Irlandais; *Hurtinbouhrg*, dont l'église fut bâtie avec le concours pécuniaire de quelques familles protestantes.

Le district de *Terre-Haute*, beaucoup plus peuplé que celui du Saint-Meinrad, renferme un plus petit nombre de catholiques. Il forme la partie nord-ouest du diocèse de Vincennes et comprend cinq comtés. C'est un plateau entrecoupé çà et là de collines et de vallons, et très propre à l'agriculture. C'est là que commencent les prairies de l'ouest connues sous le nom de *pampas*, vaste et monotone océan de verdure qui s'étend à perte de vue.

La ville de *Terre-Haute,* dans le comté de Vigo, d'origine française, comme l'indique son nom, grandit tous les jours et est appelée à devenir une des villes les plus importantes de l'Indiana.

*Sainte-Marie,* à quatre milles à l'Ouest de Terre-Haute, est le siège de la Maison-mère des sœurs de la Providence. Ce n'était d'abord qu'une pauvre maison en bois qui abritait cette communauté naissante, et maintenant, à côté du couvent, il y a une paroisse catholique qui grandit tous les jours. Les autres centres de population comme *Rokville, Montezuma,* sur la rive gauche du Wabash, *Sullivan,* sur le chemin de fer de Vincennes à Evantville, n'avaient encore que quelques familles catholiques et ne possédaient point d'église. Les missionnaires Bénédictins vont y visiter les malades et célèbrent le Saint-Sacrifice dans une maison catholique (1).

Souvent quand le missionnaire arrive à une de ces stations, les protestants se mêlent aux catholiques pour écouter sa prédication, et ils vont quelquefois lui demander de leur exposer la doctrine catholique, car les Américains aiment beaucoup à entendre discourir, et ils passent volontiers des heures entières à écouter. Nos missionnaires profitent de ces dispositions pour expliquer les points de controverse. Ces discours contribuent puissamment à dissiper les préjugés des protestants. Ceux-ci reconnaissent que les prêtres ne sont pas aussi déraisonnables que le prétendent les ministres et qu'ils n'enseignent pas l'idolâtrie. A l'issue du sermon ils viennent souvent serrer de bon cœur la main du missionnaire, ce qui signifie chez les Américains qu'ils tiennent à faire connaissance avec lui.

La funeste guerre de sécession qui éclata en 1861 et qui arma le Nord contre le Sud, paralysa pour quelques temps le mouvement qui se manifestait en faveur du catholicisme. Avant cette époque la République des Etats-Unis ne connaissait point les dispositions militaires des nations européennes. Libre, laborieuse, riche, tranquille entre l'immensité de ses déserts et celle de ses mers, tout

(1) *Annales de la Propagation de la Foi.* Tome XXXVIII.

entière aux affaires de la vie civile et du négoce, elle ne s'occupait que de lucre, d'inventions, de spéculations. Elire ses chefs, courir les aventures de gain, envahir les forêts et les prairies du Nouveau-Monde, bâtir de prodigieuses cités, créer des États, former des citoyens, elle ne connaissait point d'autres occupations ni d'autres arts. Et voilà que tout-à-coup elle passe soudainement et sans transition de la paix à la guerre.

Le motif de cette guerre était noble et tout-à-fait humain : c'était l'abolition de l'esclavage. Cette idée généreuse avait commencé de se faire jour dans quelques esprits et trouvé quelques voix courageuses pour la soutenir. Elle passa sur la harpe du poëte Longfellow qui en tira des sons harmonieux pour relever et honorer ces pauvres esclaves jusqu'alors méprisés. Puis sous la plume délicate d'une femme, elle prit la forme pathétique d'un roman. Mme Beecher-Stowe, dans *La Case de l'Oncle Tom*, raconte ce que son cœur avait senti, ce que ses yeux avaient vu, et ce roman devenu populaire fit le tour du monde, suscitant partout des sympathies en faveur de l'abolition de l'esclavage.

Mais pour faire triompher cette idée il fallut trois ans de guerre civile et le sang de plusieurs centaines de mille de combattants. Nous devons même convenir que ce grand principe de justice pour lequel combattaient les armées fédérées du Nord fut trop souvent méconnu dans cette lutte fratricide, dans ces prescriptions, dans ces pillages, dans ces traitements barbares infligés aux vaincus. Ce fut une guerre horrible et la liberté des noirs fut chèrement achetée par d'épouvantables hécatombes d'êtres vivants.

Mgr de Saint-Palais écrivait le 26 février 1862, au commencement de cette guerre : « Que vous dire de la crise actuelle des Etats-Unis, *si désunis* maintenant ? Il est difficile encore de prévoir quel sera le résultat de cette lutte fratricide. La guerre ne fait que de commencer, et nous avons dans le Nord une armée qui dévore chaque jour un million et demi de dollars qu'il nous faut payer avec les produits agricoles qui ne se vendent plus qu'à très-bas prix. Elle compte plus de six cent mille hommes, et tous les jours on forme des régiments nouveaux. Vous pouvez juger par là de la

14

grandeur de la lutte..... Jusqu'ici il n'y a eu aucun engagement dans les Etats libres, et je ne pense pas que l'armée du Sud traverse l'Ohio pour venir nous attaquer. Vous pouvez donc être parfaitement tranquille sur mon sort. »

Trois ans après, le 22 janvier 1865, il nous écrivait encore : « J'ai manqué mourir l'an dernier. Mais Dieu m'a protégé. Je n'étais alors que fort mal préparé, et si les Américains font ce qu'annoncent déjà certains journaux, s'ils veulent se défaire du *papisme*, après s'être défait de l'esclavage des nègres, ils me fourniront peut-être l'occasion d'aller au ciel par la voie la plus courte et la plus sûre. Notre guerre ne finit point encore et le pays est ruiné. Près de deux millions d'hommes ont été sacrifiés, et une conscription succède à une autre. Les prêtres ne sont point exempts du service militaire. Mais ils peuvent se racheter en payant 300 dollars et plusieurs membres de mon clergé ont dû verser cette somme dans le trésor public..... On me disait hier qu'il y avait des rumeurs de paix. Dieu veuille que ces bruits se convertissent en réalité ! »

Si cette guerre fit couler des flots de sang, du moins la religion fut appelée à en adoucir les horreurs. Chaque régiment où se trouvaient des soldats catholiques avait son aumônier. C'était souvent un jésuite. Spectacle vraiment touchant ! On voyait des régiments entiers composés d'Irlandais assister chaque jour à la messe, et le dimanche aucun de ceux qui étaient libres n'y manquait. Les communions étaient fréquentes et presque tous les soldats catholiques récitaient le chapelet.

Les prêtres et les religieuses se signalèrent, pendant cette guerre, par un dévouement admirable et devinrent de la part des protestants l'objet des plus vives sympathies. Les blessés se convertissaient en foule dans les hôpitaux. Le diocèse de Vincennes fournit une cinquantaine de sœurs aux ambulances de l'armée du Nord. Ces religieuses, dit un missionnaire, envoyèrent de leurs hôpitaux au ciel plus de trois mille protestants, soldats mourants préparés par elles et baptisés de leur mains, sans compter un bien plus grand nombre qu'elles sauvèrent, par leurs soins, d'une mort inévitable.

En même temps qu'il touchait les cœurs par l'expansion de sa charité, le catholicisme frappait les esprits par le spectacle non moins merveilleux de son unité. La ligne de conduite prudente des évêques pendant la lutte, cette unité qui, malgré la scission politique, maintint les catholiques du Nord, comme ceux du Sud, dans les liens d'une même foi et d'une seule église, fixèrent l'attention des penseurs protestants et excitèrent leur admiration. Durant cette guerre civile, la politique était l'objet principal des prédications des ministres, ce qui finit par décourager leurs adeptes qui disaient publiquement : Nous irons dans l'Eglise catholique pour y entendre prêcher la parole de Dieu. Officiers et soldats, tous se montraient favorables aux catholiques. Un général disait : « C'est de l'argent perdu pour le gouvernement que tous ces chapelains protestants. En temps de guerre, ils ne servent à rien : ils n'ont pas de sacrements à administrer. Mais pour les prêtres catholiques, c'est différent. » Aussi un général publia une défense de garder dans les régiments d'autres aumôniers que les prêtres catholiques. Ceux-ci étaient entourés de toutes sortes d'égards. Un général protestant ayant blasphémé en présence d'un prêtre, alla deux jours après lui faire des excuses, en lui disant : « Sachez qu'il n'y a que le respect pour un prêtre catholique qui puisse m'obliger à une pareille démarche. »

Les aumôniers couraient çà et là sur le champ de bataille pour entendre les confessions des blessés. « Ne perdez pas votre temps avec moi, disait un soldat qui venait de tomber : je n'ai qu'une jambe cassée. Vous me verrez plus tard ; allez à ceux qui meurent ». Un autre disait : « J'ai vu tomber tout à l'heure un protestant qui a prononcé votre nom au moment où il était frappé. S'il n'est pas mort, vous le trouverez de l'autre côté de la colline. » J'y cours, raconte le missionnaire, et je trouve un caporal, natif de New-Yorck. Le sable était tout rougi de son sang. Je le pris par la main et il ouvrit les yeux. Ah ! c'est vous, mon père ; je vous attendais. — Eh bien ! mon pauvre ami, où en êtes-vous ! — Je meurs, mon Père ; deux balles et une baïonnette m'ont traversé le corps. — Vous savez qui je suis, mon ami. Désirez-vous mourir dans l'Eglise catholique ? Oh ! de tout mon cœur. — Il fallait le baptiser ; mais je n'avais point d'eau, et personne pour m'en procurer : autour de moi, des morts et des blessés. J'arrive en rampant au rivage : Je trempe mon mouchoir dans l'eau ; je reviens et je le baptise en pressant le mouchoir sur son front. — Ah ! dit-il, grâce à Dieu, je suis sauvé ! Mon Père, ne me laissez pas. — Pourtant, mon cher ami, il y en a d'autres qui attendent. — Oui ; mais ils sont catholiques et ils savent mourir : moi, je suis protestant et jamais je n'ai songé à me préparer à la mort. — Je restai auprès de lui. Avant d'expirer, il me pria de dire à sa famille son bonheur de mourir dans l'Eglise catholique, et tout son regret de penser qu'eux-mêmes vivaient privés d'une si grande grâce. — Mon Père, criaient d'autres soldats, nous avons laissé de l'autre côté un soldat protestant mortellement blessé, et qui désire vous voir. — La mitraille passait sur nos têtes, et nous étions ventre à terre : lever la tête, c'était s'exposer à une mort presque certaine. Comment ! s'écrie un autre, perdre le seul prêtre que nous ayons auprès de nous ! Le père n'ira pas. Eh bien ! suggéra un troisième : creusons un chemin en zig-zag jusqu'au blessé. La petite tranchée fut creusée, et j'arrivai auprès du pauvre protestant, que la bataille durait encore. Je le baptisai et il mourut peu après (1). »

Ce courageux aumônier qui allait, au milieu des balles, donner le baptême aux soldats protestants mortellement blessés, était un père Jésuite. Tels étaient les exemples de foi que donnaient ces généreux soldats de l'Union, et les exemples de dévouement des missionnaires sur les champs de bataille. La conclusion naturelle qui s'imposait à l'esprit des Américains, en présence de tous ces actes de charité, était qu'une Religion qui inspire de tels dévouements est la Religion véritable.

Si cette terrible guerre a laissé partout où elle a passé tant de sang et de ruines, le Seigneur, qui fait souvent de ces terribles fléaux les messagers de sa miséricorde, permit que cette sanglante épreuve préparât les voies au triomphe de son Eglise et à des conversions nombreuses. Quelques sectes protestantes, poussées par leur haine contre les catholiques, manifestaient l'espoir que cette guerre amènerait la destruction du papisme dans l'Indiana. Mais

(1) *Annales de la Propagation de la Foi.* Tome XXXVII, année 1864.

Dieu s'est joué de leurs projets, et a fait servir cette lutte à l'agrandissement de l'influence catholique.

## CHAPITRE XIX

**Concile du Vatican. — Mgr de Saint-Palais à Rome. — Son retour en France. — Arrivée à Cette.**

Un grand devoir allait bientôt ramener en Europe l'évêque de Vincennes. Pie IX venait de convoquer tous les évêques du monde catholique à ces assises solennelles qui allaient s'ouvrir à Rome et qui devaient porter dans l'histoire le nom de *Concile du Vatican.* Il s'agissait de proclamer ces vérités suprêmes qui sont la lumière et la vie des nations et d'opposer une barrière à la marche envahissante de l'erreur.

L'épiscopat tout entier s'ébranla à la voix du Chef auguste de l'Église, et les évêques des contrées les plus éloignées se mirent en marche par toutes les voies de la terre et des mers pour répondre à l'appel du Souverain-Pontife.

Les évêques des États-Unis et du Canada, comme ceux de l'Amérique du Sud, s'empressèrent de prendre le chemin de la Ville Eternelle. Ils prirent passage sur les bateaux des Messageries Nationales qui faisaient le service entre l'Amérique et la France. Le paquebot qui sortit de la rade de New-Yorck dans les premiers jours de novembre 1869, avait à bord une douzaine d'évêques américains parmi lesquels se trouvaient, avec Mgr de Saint-Palais, les archevêques de Cincinnati, de Boston et de New-Yorck et plusieurs de leurs suffragants.

Le grand bateau qui portait les évêques ressemblait à une cathédrale flottante. La messe était dite à bord, et le dimanche il y eut une instruction en français adressée aux passagers. Les prélats, durant la traversée, furent l'objet des prévenances les plus courtoises de la part du capitaine et de l'équipage. Quelques jours après, les augustes passagers débarquaient au port de Saint-Nazaire, dans la Loire-Inférieure, et Mgr de Saint-Palais se hâtait de prendre le chemin de son pays natal, afin d'avoir la joie d'embrasser ses parents avant de se rendre à Rome. Il revit tous ses frères : mais il eut la douleur de trouver son frère Louis de Saint-Palais, ancien officier de marine, atteint d'une affection grave qui devait le conduire au tombeau. Le malade sembla oublier son mal dans les bras du cher évêque, et reprit dans cette courte visite sa joyeuse humeur d'autrefois. La séparation ne se fit pas sans une profonde tristesse. Un vague pressentiment avertissait le prélat qu'il ne retrouverait plus en vie le pauvre infirme.

Il était sous cette douloureuse impression lorsqu'il me fut donné de l'embrasser à Nimes. Son séjour fut court. Il revit avec joie les amis qu'il avait laissés dans cette ville. Mgr Plantier était déjà parti pour Rome. Mais il vit un de ses vicaires-généraux, M. l'abbé de Rovérié de Cabrières, qui lui témoigna beaucoup de sympathie et qui regarda comme une bonne fortune de pouvoir s'entretenir avec lui en Anglais sur la situation de l'Eglise aux États-Unis. Il ne soupçonnait pas que ce jeune grand-vicaire deviendrait bientôt son collègue et serait placé à la tête du diocèse de Montpellier où il avait lui-même reçu le jour.

Il se remit promptement en route et il arriva à Rome dans les premiers jours de décembre. Il assista avec ses collègues des Etats-Unis à l'ouverture du Concile le 8 décembre 1870, fête de l'Immaculée-Conception, et il se montra très assidu aux sessions de l'Assemblée conciliaire.

Il retrouva parmi les membres de l'épiscopat français, non sans une douce émotion, quelques-uns de ses anciens condisciples de Saint-Sulpice. Dès le début du *Concile du Vatican,* il se rangea ouvertement du côté de ceux qui se firent les champions des doctrines chères au Saint-Siège et il professa le dévouement le plus absolu à la chaire de Saint-Pierre. Il répétait avec Saint-Ambroise : « *Ubi Petrus, ibi Ecclesia,* et avec Saint-François de Sales : Le Pape et l'Eglise, c'est tout un. »

Trois semaines après son arrivée à Rome, il m'écrivait : « J'ai été présenté, la semaine dernière, avec plusieurs autres évêques américains au souverain Pontife. Pie IX nous a accueillis de la manière la plus aimable et nous a bénis avec nos diocèses et nos familles. Vous y avez votre part car tous nos amis y étaient compris, et au moment où je recevais la bénédiction pontificale, je pensais à vous, mon cher ami. — Il ajoutait : — La ville sainte est remplie de merveilles. On trouve à chaque pas des monuments qui sollicitent l'admiration et des souvenirs bien propres à exciter la foi ! Mais à part cela, je ne vois rien ici, je vous l'avoue, qui puisse me faire oublier mon diocèse. Aussi, dès que le moment sera venu, je retournerai avec beaucoup de plaisir à mon pauvre Vincennes. »

Il alla loger au séminaire américain du Nord où se trouvaient la plupart de ses collègues des Etats-Unis. Cet établissement avait à sa tête Mgr Chatard, camérier d'honneur de sa sainteté Pie IX. Or, ce jeune ecclésiastique, non moins instruit que modeste, était le même que Mgr de Saint-Palais avait connu tout jeune adolescent à Baltimore, qui devait être son successeur, et dont le grand-père, le docteur Pierre Chatard, de Saint-Domingue, de concert avec son compatriote Louis-Pierre-Michel Lamote, avait soutenu en 1788 sa thèse devant la Faculté de Médecine de Montpellier, comme en font foi les anciens registres de l'Ecole. Ce jeune Recteur était pour Mgr de Vincennes, par son origine française, un ami et presque un compatriote, et ce fut avec joie qu'il accepta l'hospitalité dans son collège. On ne put lui donner qu'une modeste chambre qui ressemblait à une cellule de religieux, n'ayant pour tout ameublement qu'une petite table et quelques chaises de paille. C'était la seule pièce qui fut disponible dans l'établissement : les autres chambres qui avaient un peu plus de confort, avaient été données aux évêques américains arrivés les premiers. Il en prit très gaiement son parti. Il faisait les honneurs de sa chambre avec une bonne humeur charmante. Lorsqu'il y avait plusieurs visiteurs et que les chaises manquaient, on s'asseyait sur le lit ou bien sur la malle de voyage, et on partageait la gaieté du prélat.

Ce fut aux fêtes de Pâques que je pus tenir la promesse que je lui avais faite d'aller le rejoindre. N'ayant pu trouver place au collège américain, j'eus la bonne fortune, par l'intermédiaire de ce digne ami, d'être admis à partager le logement et la table de deux de ses collègues d'Amérique, Mgr Ryan, évêque de Buffalo, dans la province de New-Yorck et Mgr Hennesey, évêque de Dubuque dans l'Etat de l'Yowa. C'étaient deux aimables types du clergé des Etats-Unis. Mgr Ryan, lazariste, parlait correctement notre langue. C'était un esprit fin et cultivé, et un cœur très bienveillant avec une grande douceur de manières. Mgr Hennesey était une vraie nature américaine, aux manières ouvertes, empreintes d'une charmante bonhommie.

Après nos repas, où régnait la plus grande cordialité, nous aimions à prolonger nos causeries sur la terrasse de la maison, et tour à tour les souvenirs de France et d'Amériqne faisaient les frais de nos entretiens. Les bons évêques me racontaient leur vie de missionnaire dans leurs vastes diocèses et les progrès du catholicisme. Ils m'invitaient avec une aimable insistance à aller occuper une place dans leurs collèges. « Venez du moins, ajoutaient-ils, venez nous visiter : Nous vous montrerons nos savanes et nos forêts et nous vous donnerons dans nos modestes demeures une hospitalité beaucoup moins somptueuse sans doute, mais aussi cordiale que celle qu'on reçoit dans les palais des évêques de France. »

Une telle proposition était bien faite pour me séduire, et j'avoue que si la Providence avait prolongé les jours de mon cher compatriote de Vincennes, pèlerin de l'amitié, je serais allé, sur les bords de l'Wabash, m'asseoir à son foyer. J'aurais ensuite repris mon bâton de voyage et poursuivi ma route, le long du Mississipi, jusqu'à Dubuque pour aller fumer le calumet de l'amitié avec le bon évêque de cette ville que je connais comme un intrépide fumeur : enfin, avant d'aller reprendre à New-Yorck le bateau pour rentrer en France, j'aurais fait une halte chez le doux et affectueux évêque de Buffalo, Mgr Ryan, qui aurait tenu à me montrer les établissements religieux de son diocèse, un des plus florissants des Etats-Unis. Chers et vénérés évêques ! Leur mémoire bien aimée reste associée à mes meilleurs souvenirs de Rome et leur douce image, toujours vivante au fond de mon cœur, y réveille les sentiments d'une vive et profonde reconnaissance. Si jamais ces lignes venaient à tomber sous leurs yeux, qu'ils y voient le témoignage que le prêtre français auquel, à la prière de Mgr de Saint-Palais, ils ont donné une si cordiale hospitalité, dans cette maison voisine de la somptueuse fontaine de Trévi, ne les a pas oubliés, et qu'ils soient convaincus que les distances qui le séparent de leurs lointains diocèses n'ont point affaibli la respectueuse affection qu'il leur garde au plus intime du cœur.

Quelquefois des convives distingués, invités par mes nobles hôtes, venaient s'asseoir à notre table. C'étaient avec Mgr de Saint-Palais, l'évêque de Littleroc, Mgr Fitzgerald, le plus jeune des évêques américains, Mgr Longhtin, évêque de Broohlyn, dans la province de New-Yorck, Mgr O'Hara, évêque de Séranton, dans la Pensylvanie...

Quand j'allais retrouver l'évêque de Vincennes dans sa cellule, je n'entendais résonner autour de moi que des sons anglais et je me croyais en pleine Amérique. Je saluais Mgr Purcell, archevêque de Cincinnati, Mgr Lhanahan, évêque de d'Harriburg, dans la Pensylvanie, Mgr Luers, évêque de Fort-Wayne, Mgr Rosecrans, évêque de Colombus dans l'Ohio, Mgr Vérot, d'origine française, vicaire apostolique de la Floride..... Tous ces prélats, grands fumeurs pour la plupart, comme le sont les Américains, tous très-dignes, se montraient charmants de simplicité et d'humeur et s'essayaient avec bonne grâce à prononcer quelques mots en français.

Plusieurs semblaient déjà regretter, au milieu des merveilles de Rome, les grands fleuves et les savanes de leurs diocèses. Cette vie monotone partagée entre les congrégations et les sessions du concile devait peser quelque peu à ces natures actives, accoutumées au mouvement et à l'action, et leur pensée aurait déjà commencé à se tourner avec un sentiment de regret vers l'Amérique, si le devoir dans leur cœur n'avait parlé plus haut que tout autre sentiment.

Rome offrait, avec les sessions solennelles du concile qu'on pouvait entrevoir de loin dans la chapelle conciliaire de la basilique de Saint-Pierre, des fêtes brillantes qui n'étaient pas sans attrait pour ses nombreux visiteurs. Le soir de la solennité de Pâques, nous vîmes, sur la place du Peuple, un magnifique feu d'artifice. Ce fut comme une vision féérique. La foule immense qui inondait la place et qui n'avait pas été encore égarée par les émissaires de la Révolution italienne, applaudit avec enthousiasme, et mon voisin, Mgr de Saint-Palais, malgré son flegme américain, ne put contenir son admiration. L'illumination de la façade et de la coupole de Saint-Pierre, qui eut lieu le lundi soir, ne fut pas moins merveilleuse. Ces longs cordons de lumière courant le long de la basilique et dessinant les lignes de son architecture, semblaient avoir répandu sur le monument, comme une poussière brillante, toutes les étoiles du firmament, et donnaient à sa vaste masse un aspect fantastique. Cette illumination, qui changeait la coupole de Saint-Pierre en un phare resplendissant, était la merveille de Rome, et je disais à l'évêque de Vincennes qui partageait mon ravissement, qu'elle était comme l'image radieuse de cette grande lumière que le concile du Vatican, vrai phare du monde, allait répandre au sein de l'humanité.

Les jours où les évêques n'avaient pas à siéger dans les commissions, j'accompagnais Mgr de Vincennes dans les promenades qu'il faisait soit à la villa Borghèse, soit à la villa Pamphili dont nous admirions les belles allées de chênes verts et les magnifiques pins-parasols, si aimés des artistes, qui étalent au-dessus des autres arbres leurs panaches triomphants. Nous visitions les ruines des palais des Césars sur le mont Palatin et nous aimions à suivre cette voie antique qui va du Capitole au Colisée, mêlant dans nos entretiens les souvenirs de notre jeunesse aux souvenirs de l'antiquité que rappelaient les monuments que nous avions sous les yeux.

Mgr de Saint-Palais avait bien voulu conférer à son compatriote le titre de théologien de l'évêque de Vincennes, qui lui donnait le droit d'assister, dans une tribune spéciale, aux sessions solennelles du Concile. Mais comme cette tribune était trop étroite pour contenir tous les théologiens des évêques, on n'en admettait chaque fois qu'une partie, et un billet assignait à chacun la session à laquelle il devait être admis. Mon tour arriva trop tard, et lorsque le billet d'admission fut envoyé à l'évêque de Vincennes, son théologien était déjà en route pour la France.

Mgr de Saint-Palais prolongea son séjour à Rome jusqu'à la session solennelle où fut proclamé le dogme de l'infaillibilité pontificale, et ce fut avec une grande joie que le 18 juillet 1870, de concert avec ses collègues d'Amérique, il prononça le placet décisif qui exprimait la sincère adhésion de son cœur à la parole infaillible des successeurs de Pierre. Cette importante session venait de faire du Concile du Vatican l'un des plus grands événements du siècle. La barque de Pierre pouvait être désormais assaillie de nouvelles tempêtes : elle avait pour la conduire un pilote infaillible.

Monseigneur se hâta de rentrer en France, après la définition conciliaire. Sa première halte, à son retour, fut à Cette où il retrouvait comme curé un de ses compatriotes, le frère de l'aumônier du Lycée de Nimes, auquel il tenait à donner cette marque de sympathie. La joie fut grande au presbytère de Saint-Joseph. Le curé et les vicaires, parmi lesquels se trouvait un compatriote de Monseigneur, accueillirent avec un affectueux empressement l'hôte éminent qu'ils étaient si heureux de posséder, et les bons paroissiens partagèrent la joie du clergé.

Le lendemain de l'arrivée du prélat était un dimanche. Il y eut un grand concours de fidèles à l'église pour assister à la messe dite par Monseigneur. Sa Grandeur tint chapelle pontificale à la grand'messe et donna la bénédiction solennelle.

L'assemblée générale des trois conférences de Saint-Vincent de Paul de Cette devait avoir lieu ce dimanche. Le président s'empressa d'inviter Monseigneur à honorer cette réunion de sa présence. Le bon évêque consentit avec plaisir à donner à cette œuvre, en la présidant, un témoignage de bienveillant intérêt. Après la lecture du rapport, il prit la parole, loua le zèle et le dévouement des membres des conférences et alla au devant du désir de ses auditeurs en faisant connaître la situation des œuvres catholiques dans son diocèse. Sa parole attachante et parfois émue fut un puissant encouragement pour cette assemblée. On se souvient encore à Cette, après dix ans, de cette allocution touchante de l'évêqne missionnaire, et la paroisse de Saint-Joseph — j'en ai eu souvent la preuve — n'a pas oublié son passage.

## CHAPITRE XX.

**Séjour à Peyrins et à Bonneval. Bénédiction d'une croix à Fraïsse.**

De Cette où il fit un séjour très-court, Mgr de Saint-Palais se rendit au château de Peyrins, pour aller prier sur la tombe du frère qu'il venait de perdre. Ce fut avec un grand serrement de cœur qu'il revit cette demeure autrefois si joyeuse et maintenant attristée par un deuil récent. Il n'y trouva qu'une veuve affligée qui méditait déjà le généreux dessein de renoncer au monde comme une autre sainte Chantal, et il fut le confident de cette sainte résolution.

Il prit ensuite le chemin de La Salvetat, le berceau de sa famille, et il alla chercher auprès de son frère aîné, le baron de Saint-Palais, un abri contre les chaleurs de l'été, sous les frais ombrages du château de Bonneval. Sa plus douce occupation, dans cet agréable séjour, fut de travailler à approprier et à embellir l'église de cette humble paroisse de montagne. On le voyait tous les jours, après sa messe, entouré de quelques personnes dévouées, chercher à dégager l'édifice sacré, à l'isoler du rocher auquel il était adossé. Il attaquait lui-même d'une main vigoureuse le dur rocher de granit qui cédait aux coups de marteau et semblait reculer peu à peu sous ses efforts. Je l'ai vu absorbé chaque jour par ce généreux travail et j'ai prêté le concours de mes bras à une œuvre qu'il avait prise à cœur avec tant d'ardeur. « Quand on a bâti, me disait-il en riant, deux églises en Amérique, on peut bien donner quelques coups de pioche et de marteau pour l'embellissement de l'église de Bonneval ». Si maintenant l'ancien rocher qui masquait cet édifice religieux a fait place à une surface unie et à une avenue plantée d'arbres, c'est à l'initiative de Mgr de Saint-Palais qu'est due cette amélioration, et les bons paroissiens de

Bonneval, en foulant ce sol nivelé qui s'étend à côté de l'église, aimeront à se souvenir que le cher évêque de Vincennes n'a pas hésité à y mettre la main et que c'est à lui qu'ils sont redevables de ce bienfait.

Monseigneur voulut bien répondre à l'appel de l'amitié et consentir à venir passer quelques jours au village de Fraïsse, au sein de la famille du prêtre qui lui avait donné, à plusieurs reprises, l'hospitalité au lycée de Nimes. Ce lieu ne lui était pas inconnu ; il y avait bien des années qu'il avait visité, simple séminariste, cette paroisse voisine de la Salvetat, qui avait été le berceau de quelques-uns de ses ancêtres et où se trouvaient les principaux domaines de sa famille. Le séminariste d'autrefois nous revenait évêque et nous apportait sa bénédiction.

Son arrivée au village fut accueillie par les démonstrations du respect le plus profond. On se mettait à genoux sur son passage et on se signait pieusement en recevant sa bénédiction. Cette visite fut un événement pour nos bons paysans qui voient si rarement un évêque.

Le lendemain de l'arrivée du prélat était un dimanche. Une assistance nombreuse remplit l'église pendant sa messe, contemplant ses traits avec une pieuse avidité et se pressant sur ses pas au sortir du lieu saint, pour recevoir sa bénédiction. Monseigneur assista en mozette à la grand'messe, et les deux frères prêtres, qui avaient la joie de lui donner l'hospitalité, étaient en costume de chanoine à ses côtés.

Après l'office du matin, Mgr de Saint-Palais reçut la visite des fermiers qui faisaient valoir les métairies de sa famille et prit plaisir à s'entretenir avec eux en patois. Il tenait à leur montrer qu'il n'avait pas oublié, malgré son éloignement de la France, cette langue des montagnes qu'il avait parlée dans ses jeunes années. Il remit à chacun une médaille apportée de Rome. Il eut des bénédictions pour leurs familles, des caresses pour les petits enfants, un mot aimable pour les jeunes ecclésiastiques et pour le curé de la paroisse, M. l'abbé Tudès. La famille qui le reçut sous son toit a gardé précieusement, comme un titre d'honneur, le souvenir de sa visite. Nous admirions sa simplicité, sa bonne humeur, ses manières franches, ses propos aimables, et nous nous disions d'une voix unanime : « Oh ! le bon évêque ! »

Monseigneur avait bien voulu accepter de bénir une croix qu'un des enfants du pays, médecin militaire et officier de la Légion d'honneur, avait voulu élever sur le plateau de la Fontfroide, en souvenir de ses campagnes de Chine, de Cochinchine et du Mexique. C'était comme l'ex-voto de sa reconnaissance pour les périls auxquels il avait échappé dans ces lointaines expéditions. Cette croix était placée sur un point culminant d'où le regard embrasse un horizon immense. Ce lieu était bien choisi. L'hiver la neige s'amoncèle sur la route qui traverse ce plateau au point de le rendre impraticable, et il est trop souvent arrivé que, dans des jours de tourmente, les pauvres voyageurs se sont égarés, n'ont plus reconnu le chemin et ont trouvé leur tombeau dans la neige. Or cette croix a été plantée là pour servir de point de ralliement aux voyageurs égarés et pour les remettre dans la voie.

Monseigneur avait déjà demandé, pendant qu'il se trouvait à Rome, des indulgences spéciales pour cette croix qu'il devait bénir. Or, le 22 août 1870, vers deux heures de l'après-midi, le cortège se mit en marche, et le prélat franchit, partie à pied, partie en voiture, les cinq kilomètres de distance qui séparent le village du sommet de la Fontfroide. Des groupes nombreux, venus des deux paroisses voisines, de Fraïsse et de Cambon, entouraient la croix ornée de verdure et récitaient le Rosaire. Monseigneur revêtit ses insignes et la cérémonie commença. C'était un spectacle vraiment touchant qu'offrait ce prélat debout, entouré de prêtres et de fidèles agenouillés sur ce plateau désert, qui n'avait jamais été témoin d'une scène semblable.

Après la récitation des prières et l'aspersion faite avec l'eau bénite, Monseigneur prit la parole et fit ressortir les enseignements religieux que donnerait cette croix à tous ceux qui passeraient sur cette route. Il rendit ensuite hommage au sentiment de foi qui avait porté un compatriote à ériger en ce lieu ce monument. Il rappela d'une voix émue que, dans ce moment, il était enfermé avec plusieurs autres militaires, comme lui enfants de ces montagnes, dans la capitale pour donner les soins de son art aux défenseurs de la patrie. En même temps, s'agenouillant avec la foule au pied de la croix, il pria pour tous ces compatriotes enrôlés dans l'armée et exposés aux balles prussiennes, et les assistants s'unirent avec ferveur à ses prières. De pieux refrains s'échappèrent ensuite de toutes les poitrines, et la foule s'écoula lentement, emportant une impression profonde de cette cérémonie. La bénédiction du Saint-Sacrement, qui fut donnée par le prélat à l'église du village, couronna pieusement cette belle et touchante journée.

Le souvenir de cette cérémonie, consigné dans les archives de la paroisse, se perpétuera fidèlement parmi les habitants de Fraïsse. Aucun paroissien ne passera jamais devant cette croix sans se rappeler avec reconnaissance que c'est un compatriote militaire qui l'a érigée, et que c'est un évêque américain, originaire, lui aussi, de nos montagnes, qui a voulu la bénir. L'officier de la Légion d'honneur, le docteur Casimir Azaïs et l'évêque de Vincennes se sont en quelque sorte donné la main pour laisser à un pays qui leur est cher ce pieux monument de leur foi et de leurs sympathies.

Le lendemain le clergé de la Salvetat venait se réunir à celui de Fraïsse pour fêter Monseigneur dans des agapes fraternelles. Une pensée de regret se mêlait à cette fête ; c'était que l'ancien doyen de la Salvetat, notre père à tous, le cher abbé Joseph Azaïs, qui nous accueillait autrefois avec tant de cordialité dans son presbytère, ne fût pas là avec les autre prêtres sortis de la Salvetat, qui avaient été nos condisciples, les Roque, les Escande, les Urbain Cauquil, les Paul et les Eugène Pistre, pour présider cette réunion sacerdotale et souhaiter la bienvenue à notre hôte bien-aimé, l'évêque de Vincennes. Hélas ! cette fête devait être celle des adieux, et nous ne devions plus avoir la joie de nous réunir autour de notre éminent compatriote.

Monseigneur rentra au sein de sa chère famille de Bonneval, et, à peine arrivé, il fut atteint d'une indisposition violente qui inspira quelques moments d'inquiétude. L'Empire s'écroula sur ces entrefaites, à la nouvelle du désastre de Sedan, et la République fut proclamée. Or le médecin qui donnait ses soins à notre malade avait accueilli avec joie la constitution républicaine qui venait d'être imposée à la France, et, tout en soignant le prélat, il laissait percer ses opinions politiques. Ce sujet de conversation ne déplaisait point à l'évêque qui répondait à son interlocuteur : « J'ai longtemps vécu dans un pays qui peut être considéré comme le modèle des états républicains et j'ai vu comment nos Américains savent mettre ce régime en pratique. Vous autres Français, vous avez une façon bien étrange de comprendre la République. On dirait que vous aimez tellement la liberté que vous voudriez confisquer celle des autres. En Amérique on parle au peuple de ses devoirs beaucoup plus que de ses droits. Tout en lui rappelant qu'il est libre, on lui apprend surtout le respect de la liberté des autres et on lui répète que toute atteinte aux droits d'autrui est un attentat contre la République elle-même. Aussi le régime républicain consiste dans l'application impartiale de la loi, sans distinction d'opinion et de parti. En France, vous le savez, la République en 1790 s'est montrée oppressive, hostile aux congrégations religieuses, au clergé, à la religion elle-même. Aux Etats-Unis au contraire les proscrits politiques et religieux chassés de l'Europe ont toujours trouvé un asile sur ce sol hospitalier, et le catholicisme y jouit aujourd'hui de la liberté la plus complète. Les évêques ouvrent librement des écoles, fondent des institutions, se réunissent en Concile et accomplissent sans entrave, à la face du ciel, les cérémonies de l'Eglise. Nos hommes d'Etat ne craignent pas d'affirmer que tout pouvoir relève de Dieu, et que c'est la Religion qui est la base première des institutions républicaines : tous les ans le Président, dans son discours, rend de solennelles actions de grâces, au nom de la nation, à la Providence pour la remercier des bienfaits qu'elle a daigné répandre sur le peuple américain. Sur cette terre de la liberté le gouvernement n'est pas athée, l'école n'est pas sans Dieu : mais c'est la loi évangélique qui est l'âme et la vie de la famille et de la nation. »

« Si vous voulez, ajoutait-il, que la forme républicaine s'affermisse en France, apprenez lui à respecter la liberté de chacun et surtout la liberté religieuse. Cherchez à rendre ce régime honnête, juste, impartial, respectueux de tous les sentiments, protecteur de tous les droits, et vous le rendrez durable. Faites-en le point de départ d'une ère de justice, d'apaisement, de vraie liberté, et vous en ferez le gouvernement de tout le monde. »

Que n'aurait-il pas dit s'il avait vu, quelques années après, les processions interdites et le Dieu de l'Eucharistie relégué comme un étranger dans les temples; les Frères arrachés à l'éducation de l'enfance, les écoles sans Dieu, les maîtres sans foi, les ordres religieux chassés de leurs demeures, toutes les libertés menacées ou foulées aux pieds? Il n'aurait pu reconnaître, dans toutes ces violences révolutionnaires, les institutions libérales des Etats-Unis. Il n'aurait vu dans les hommes d'un tel régime que les ennemis les plus acharnés de la liberté.

C'est ainsi que le spirituel évêque, fils adoptif de la libre Amérique et façonné aux mœurs républicaines, donnait des leçons de liberté aux partisans de la nouvelle République et signalait les tendances qui pouvaient en faire un régime d'oppression.

## CHAPITRE XXI

### Visite de Mgr de Saint-Palais à Castres et à Lavaur. — Son départ pour l'Amérique.

L'invasion des armées allemandes s'étendait chaque jour dans les provinces de l'Est. La capitale allait être investie et les nouvelles de nos revers attristaient profondément le patriotisme de Mgr de Saint-Palais. Il se décida à abréger son séjour en France et à hâter la conclusion des affaires de son diocèse pour rentrer au plus vite en Amérique. Dès qu'il fut rétabli de son indisposition, il fit les préparatifs de son départ. Il légua comme un souvenir à l'église de Bonneval la chape blanche qu'il avait au Concile et quelques autres ornements et il recommanda au pasteur de la paroisse de terminer le travail de nivellement du rocher auquel il avait mis la main le premier et qu'il regrettait de laisser inachevé. Il fit ensuite ses adieux à sa famille, salua, à son passage, ses amis de La Salvetat et les bonnes Sœurs de l'hôpital qu'il n'oubliait jamais dans ses voyages et il prit la route de Saint-Pons.

J'eus le plaisir de l'accompagner dans ce voyage. M. l'archiprêtre de Bonne nous reçut avec sa cordialité accoutumée, et le soir, après avoir traversé cette riante vallée de Saint-Amans et avoir admiré la belle architecture de la nouvelle église de Mazamet, nous arrivâmes au château de Peyrins. La vue de cette demeure autrefois si vivante et maintenant vide et silencieuse portait la tristesse dans l'âme. La pieuse veuve que Monseigeur y avait laissé deux mois auparavant n'y était plus. Après avoir arrangé ses affaires temporelles, elle avait secrètement quitté ce manoir pour aller s'ensevelir dans le monastère des Carmélites de Tours. Son ancienne femme de chambre était la seule gardienne de ce château, et elle ne pouvait se consoler du départ de sa maîtresse bien-aimée. Elle errait comme une âme en peine dans cette maison déserte. Elle voulut nous conduire à la chambre qu'occupait la pieuse dame; elle nous montra les livres de piété qui étaient sa lecture favorite, les tableaux religieux devant lesquels elle avait coutume de prier et le crucifix qui avait été le confident de ses généreuses aspirations. Tous ces objets étaient conservés avec soin à la même place, comme autant de précieuses reliques. Ces salons vides, ces chambres closes, cette solitude, ce silence, tout semblait porter le deuil de cette noble absente, et tout rappelait son souvenir.

Nous nous arrachâmes à cette impression pleine de tristesse pour aller prier dans l'église du village, située à l'extrémité du parc. Nous nous agenouillâmes dans cette chapelle que le frère de Monseigneur avait fait construire peu de temps avant sa mort. Là se trouve son tombeau, et il repose à l'ombre de cette église où il aimait tant à prier et que la piété de sa vertueuse épouse a si généreusement décorée. Nous récitâmes un *De Profundis*, à genoux sur cette pierre tumulaire qui recouvre la dépouille de ce brave officier de marine, et le lendemain matin ce fut là, à cet autel érigé par son frère, que le prélat dit la messe pour le repos de son âme.

En sortant de l'église, nous entrâmes dans le parc et nous nous promenâmes pendant quelques temps, silencieux et tristes, dans ces longues allées dont les arbres semblaient appeler les anciens maîtres qui s'étaient si souvent assis à leur ombre. L'excellent curé de Mazamet, M. l'abbé Caraguel, qui est devenu plus tard évêque de Perpignan, nous accompagnait dans cette promenade et s'associait à nos impressions et à nos regrets.

La nuit, pour Monseigneur surtout, fut triste et sans sommeil, et le lendemain, après la messe, après une dernière prière sur la tombe du frère, la voiture du château nous conduisit à Castres. Nous descendîmes au presbytère de la Platée, chez M. l'abbé de Lacget, l'ami et le parent de Monseigneur, ce pasteur si intelligent, si dévoué et si charitable, qu'une maladie cruelle, supportée avec une résignation admirable, vient de ravir, jeune encore, à l'amour de ses paroissiens.

Une fête religieuse nous appela au couvent des sœurs de la Présentation. C'était le jour de clôture de la retraite de cette nombreuse communauté et de la prise d'habit de plusieurs postulantes. Mgr Lyonnet, archevêque d'Albi et ami de Mgr de Vincennes, présidait cette cérémonie à laquelle assistait un nombreux clergé. Cette congrégation florissante, au sein de laquelle j'ai la joie de compter, depuis bien des années, une de mes sœurs, était pour moi comme une seconde famille, et j'étais heureux de pouvoir y conduire Mgr de Saint-Palais. Sa place était là, à côté de son éminent collègue d'Albi et des principaux dignitaires de l'église de Castres, et sa présence fut accueillie avec la plus vive sympathie.

Mgr de Vincennes connaissait depuis longtemps cet institut de la Présentation fondé, au siècle dernier, par un illustre évêque de Castres, de concert avec sa pieuse sœur, Mlle de Barral. Il avait célébré plusieurs fois la messe dans la belle chapelle de l'établissement et donné sa bénédiction aux sœurs et à leur brillant pensionnat. Cette nouvelle visite fut comme une fête pour cette communauté si heureuse de le revoir, et Mgr de Vincennes y retrouva comme une douce image de sa chère famille des sœurs de la Providence, à Sainte-Marie-des-Bois. C'était la même piété, le même dévouement, le même zèle pour l'éducation des enfants, avec les aptitudes spéciales à chacun de ces deux instituts et il reconnaissait que les religieuses de Castres, comme celles de l'Indiana, animées d'un semblable esprit de charité, appartenaient à cette généreuse famille qui s'immole pour la gloire de Dieu et pour le salut des âmes.

Ce fut dans cette ville de Castres que je fis mes adieux au cher prélat. J'étais bien loin de me douter, en le pressant dans mes bras, que je l'embrassais pour la dernière fois. Je le laissai au milieu de nombreux amis qu'il avait dans cette ville, et je repris seul, avec un vif serrement de cœur, le chemin de nos montagnes.

De son côté Monseigneur, après un court séjour à Castres, se rendit à la résidence de Pont-d'Assou, près de Lavaur, où l'attendait, avec sa nombreuse famille, le plus jeune de ses frères, M. Hippolyte de Saint-Palais. Il comptait n'y faire qu'une halte de quelques jours, impatient qu'il était d'aller rejoindre son cher troupeau. Mais une nouvelle maladie, plus violente que celle qu'il avait ressentie à Bonneval, le condamna de nouveau à garder le lit. Les soins dont il fut entouré conjurèrent le mal. Mais la convalescence fut longue et cette inaction prolongée aurait été difficile à supporter s'il n'avait pas eu à ses côtés son frère et sa jeune famille.

Pour lui rendre le séjour de Pont-d'Assou plus agréable, un appartement du château fut transformé en oratoire, et dès que ses forces commencèrent à revenir, il eut la consolation de pouvoir dire chaque jour la messe dans cette chapelle domestique. Tous les siens l'entouraient et s'unissaient à ses prières, et ce n'était pas sans émotion que Monseigneur voyait autour de l'autel cette couronne de parents chrétiens qui ne faisaient avec lui, pendant le Saint-Sacrifice, qu'un cœur et qu'une âme.

Cependant les nouvelles de la guerre devenaient chaque jour plus alarmantes. Paris était investi, et Monseigneur voyait le moment où l'accès du port de Saint-Nazaire lui serait fermé. Aussi dès qu'il sentit sa santé rétablie, il s'arracha des bras des siens et, renonçant aux autres visites qu'il avait projetées, il se dirigea vers le lieu choisi pour son embarquement. Il fallait se hâter, car les armées ennemies s'avançaient toujours vers la Loire. Il était nuit lorsqu'il passa à Tours où se trouvait sa belle-sœur devenue Carmélite. Il aurait bien voulu pouvoir s'arrêter pour faire ses adieux à l'austère recluse. Mais le couvent ne pouvait s'ouvrir à cette heure tardive ; le temps pressait et il dut se contenter de saluer en passant ce monastère des filles du Carmel et d'envoyer une bénédiction à celle qu'il ne lui fut pas possible de visiter. Ce fut une bénédiction suprême. Quelque temps après son passage, la Carmélite déjà professe, qui semblait n'être venue dans ce cloître que pour y chercher une tombe, s'éteignit paisiblement au sein de sa nouvelle famille, laissant le doux parfum de sa vertu et le souvenir de sa ferveur qui l'avait lentement consumée comme une victime de la pénitence et de l'amour divin. Elle n'avait fait que passer dans le monastère. Mais dans ce court espace de temps, la douce et pieuse châtelaine de Peyrins avait montré, dans un corps épuisé et débile, une âme héroïque et on avait reconnu en elle une digne fille de Sainte-Thérèse.

On comprend les déchirements que dut éprouver Monseigneur en quittant la France dans des circonstances si cruelles. Un de ses neveux se battait sur les bords de la Loire et était exposé aux plus graves dangers. Un autre parent, jeune lieutenant plein d'avenir, tombait sous les balles prussiennes. Plusieurs de ses amis se trouvaient en face des armées allemandes. En montant sur le paquebot qui devait le transporter en Amérique, il laissait derrière lui des parents et des amis affligés et la pauvre et chère patrie foulée sous les pieds de l'étranger. Ces douloureux souvenirs durent empoisonner son retour.

La traversée fut heureuse, et les catholiques de Vincennes cherchèrent, par l'accueil qu'ils firent à leur évêque, à faire oublier à son âme patriotique les douleurs et les humiliations de son infortuné pays. Ses prêtres, les Français établis dans son diocèse et les Irlandais dont le cœur est toujours resté fidèle à notre patrie, s'associèrent à ses légitimes émotions et lui dirent que toutes leurs sympathies les plus vives étaient pour la France et pour leur cher évêque.

Monseigneur s'empressa d'aller visiter les établissements de son diocèse qui soupiraient après son retour, les orphelins de Vincennes et les sœurs de Sainte-Marie-des-Bois. Il raconta son séjour à Rome, les sessions solennelles du Concile, sa visite avec les autres évêques des Etats-Unis à Pie IX, et il transmit aux fidèles et au clergé cette bénédiction pontificale qu'il avait reçue de la main du Saint-Père pour tout son diocèse.

## CHAPITRE XXII

### Maladie de Mgr de Saint-Palais. — Il consacra son diocèse au Sacré-Cœur. — Jubilé de son épiscopat.

Mgr de Saint-Palais s'arracha bientôt au paisible séjour de Vincennes pour reprendre la visite pastorale de son diocèse. Pendant cette tournée, son voyage de Rome, le concile du Vatican, l'audience de Pie IX et la définition de l'infaillibilité du Souverain-Pontife furent l'objet principal de ses entretiens particuliers et de ses allocutions, et les souvenirs qu'il semait en quelque sorte sur ses pas, en visitant son peuple, excitèrent partout un pieux et vif intérêt, tant l'Américain se montre avide de nouvelles religieuses et politiques et s'intéresse aux récits qui lui font connaître les événements de l'Europe.

Ce fut après cette tournée que Monseigneur fut atteint d'une grave maladie qui prit tout à coup un caractère alarmant et mit ses jours en danger. « Mon état, nous écrivit-il quelque temps après, a inspiré autour de moi de vives craintes et on a cru à un péril imminent. Mon grand vicaire, qui veillait à mon chevet et qui me prodiguait ses soins, ne m'a pas dissimulé la gravité du mal. Il m'a préparé à recevoir les derniers sacrements et c'est de sa main que j'ai reçu le viatique et l'extrême-onction. J'avais fait à Dieu le sacrifice de ma vie et j'attendais avec résignation l'accomplissement de la volonté divine. »

Cependant la nouvelle de sa maladie avait répandu le deuil dans le diocèse et de ferventes prières s'élevaient de toutes parts vers le ciel pour demander la conservation de ses jours. Les prêtres surtout, le grand vicaire à leur tête, priaient avec toute l'ardeur que leur inspirait leur profond attachement pour leur évêque. Y eut-il dans ce moment parmi eux un acte de sacrifice héroïque, comme on en rencontre quelquefois dans une âme généreuse, et vint-il à la pensée de quelque membre du clergé d'offrir sa vie au Seigneur pour conserver celle de l'auguste malade? Je l'ignore. Mais je sais que le vicaire-général, qui l'avait administré et qui le soignait avec tant de dévouement, tomba pour ne plus se relever. Son mal s'aggrava à mesure que l'évêque revenait à la santé. On aurait dit que la maladie n'abandonnait le prélat que pour passer dans le corps de son grand vicaire et que le Seigneur acceptait sa vie en échange de celle de Monseigneur. « Le bon Dieu, continuait l'évêque dans sa lettre, ne m'a pas trouvé assez prêt ; il a voulu prolonger encore ma vie afin de me donner le temps de mieux me préparer à paraître devant Lui. Il a pris mon grand vicaire, dans la force de l'âge et de la santé et déjà chargé de mérites, et il a laissé l'évêque pour qu'il consacre les derniers restes de son existence à amasser des provisions plus abondantes pour l'éternité. C'est pour moi un puissant avertissement et je dois l'avoir constamment devant les yeux pour ne pas me laisser surprendre par l'heure dernière. »

Les forces lui revinrent peu à peu. Mais les regrets que lui causa la mort de son grand vicaire, soudainement enlevé à l'âge de trente-six ans, laissèrent dans son cœur une plaie douloureuse et profonde. Il venait de perdre celui qui était pour lui un aide et un ami, et ce fut dans sa vie un grand vide et pour le diocèse une perte presque irréparable.

Au mois de juillet 1872, la Providence ménagea une grande consolation à son cœur d'évêque. Il fut appelé à bénir le superbe hôpital que la ville de Terre-Haute venait d'élever à grands frais pour abriter ses pauvres et ses malades. Ce fut un spectacle bien imposant. Plus de quinze mille personnes, parmi lesquelles on comptait un grand nombre de protestants, assistèrent à l'inauguration de l'établissement et accueillirent avec l'attention la plus sympathique les paroles de remerciement que Monseigneur adressa à tous ceux qui avaient concouru à cette œuvre. Ce fut un jour de fête pour la ville entière sans distinction de culte, et la pensée de charité qui avait présidé à la fondation de cet hospice réunit fraternellement tous les cœurs dans un même sentiment de joie. Ce qui ajouta à la vive satisfaction de Monseigneur, ce fut de voir la direction de cet établissement confié à ses chères Sœurs de la Providence dont il savait si bien apprécier l'aptitude et le dévouement. Cette ville de Terre-Haute, qui venait de bâtir cette belle demeure des pauvres, ne datait que de quelques années : mais elle grandissait tous les jours et déjà à cette époque elle comptait plus de quarante mille habitants et était une des plus importantes du diocèse de Vincennes.

Dans cette même année, Monseigneur installa un nouvel aumônier au monastère de Sainte-Marie-des-Bois. Le bon Père Corbe, qui avait si longtemps dirigé cette maison et qui lui avait imprimé ce cachet de haute piété et de dévouement qui la distingue, qui avait été le directeur ferme et éclairé de mère Théodore et de sœur François-Xavier, ce saint prêtre n'était plus; il avait été recevoir la récompense d'une vie consacrée sans réserve à la gloire de Dieu et au bien des âmes. Monseigneur le remplaça par un prêtre non moins dévoué, M. l'abbé Chasse, ancien professeur à l'Université de Vincennes et ancien curé de la paroisse Saint-Simon à Washington.

Cette communauté avait perdu les deux saintes religieuses qui en avaient été comme l'âme, sœur François-Xavier et mère Théodore, et leur mort avait été le sujet d'un grand deuil pour le cœur du prélat. C'étaient les deux colonnes de la Congrégation dans l'Indiana. La sœur François-Xavier, cette pieuse Irma Le Fer, cette spirituelle bretonne à l'imagination exaltée, au caractère impressionnable, avait consacré pendant quinze ans, travailleuse infatigable, au rude ministère des missions, dans les forêts de l'Amérique, toutes les ressources d'une belle intelligence, d'une heureuse nature, d'un cœur toujours au large dans le dévouement, d'une âme fortement trempée, qui, comme saint François-Xavier dont elle avait pris le nom, n'aspirait qu'à étendre le royaume de Dieu. L'œuvre à laquelle elle s'était vouée tout entière avait grandi et prospéré : le petit nid qui avait abrité les premières sœurs de la Providence, missionnaires dans l'Indiana, était devenu le vaste monastère de Sainte-Marie-des-Bois. Usée avant le temps par les travaux et les souffrances, Irma mourut en 1856, n'ayant pas encore quarante ans. Elle accueillit la mort comme elle avait toujours accueilli les pauvres et les ignorants, ses amis de cœur, le front radieux et le sourire aux lèvres.

La mère Théodore, la généreuse supérieure qui avait conduit en Amérique la première colonie des sœurs de la Providence, ne devait pas tarder à rejoindre, dans un monde meilleur, sa fille de prédilection, sa chère Irma. Celle-ci lui avait dit, sur le lit de son agonie. « Ma mère vous me suivrez bientôt », et elle se prépara par un redoublement de ferveur à cette réunion si désirée. Deux mois après la mort d'Irma, elle fut atteinte de la maladie qui devait l'emporter. Cette âme généreuse qui, comme la sœur François-Xavier, s'était sanctifiée dans le travail et la souffrance, qui s'était dépensée sans mesure pour le bien de sa chère congrégation et à qui la nombreuse famille des sœurs de la Providence en Amérique doit sa prospérité et l'excellent esprit qui l'anime, vit venir la mort avec une douce joie. Elle resta souriante jusque dans les étreintes d'une longue agonie, et comme ses filles gémissaient de ses souffrances prolongées. « C'est bien court, leur disait-elle, auprès de l'éternité. » Elle s'éteignit paisiblement et alla rejoindre au ciel celle à qui elle avait été si étroitement unie sur la terre (1). La congrégation perdait ainsi presque en même temps deux grands modèles de la vie religieuse : mais elle comptait deux protectrices de plus au ciel.

L'évêque de Vincennes nourrissait depuis longtemps le pieux dessein de consacrer son diocèse au Sacré-Cœur. Il était convaincu que cette dévotion ouvrirait une source féconde de grâces pour ses

(1) *La Femme-Apôtre*, Vie d'Irma Le Fer.

diocésains et deviendrait comme un aimant mystérieux qui attirerait de nouveaux enfants dans le sein de l'Eglise. Il savait qu'un des effets du protestantisme c'est de dessécher les âmes et de refroidir les cœurs. Il sentait qu'il fallait réchauffer ces cœurs glacés, y allumer les flammes de l'amour divin, et pour cela quel moyen plus efficace que la dévotion au Sacré-Cœur ?

Pendant son séjour en France, Monseigneur avait vu cette dévotion établie dans plusieurs diocèses. Il se souvenait que, dans cette église de La Salvetat où il avait été baptisé, il avait assisté, le premier vendredi de chaque mois, aux pieux exercices du Sacré-Cœur, et il conçut le projet d'en procurer le bienfait à son diocèse. Il fit plus : il ne voulut pas que ce fût un acte isolé qui se bornât à son Église ; il désira que la province ecclésiastique à laquelle il appartenait s'y associât tout entière. Il s'adressa donc à son vénéré métropolitain, l'archevêque de Cincinnati et lui demanda de se faire le promoteur de cette dévotion dans toute la province. Le prélat accueillit avec joie la demande de son suffragant, et le 1er janvier 1873 les neuf diocèses qui dépendent de Cincinnati se consacrèrent solennellement au Sacré-Cœur de Jésus. Cette dévotion devenait une barrière pour arrêter l'influence des sectaires de la Réforme et faisait arriver jusqu'au cœur du Protestantisme un courant d'amour qui préparait les voies à la vérité. En présentant cette dévotion à son diocèse, Mgr de Saint-Palais lui disait comme autrefois le Sauveur à la Bienheureuse Marie-Alacoque : Voilà ce cœur qui a tant aimé les hommes, qui les a aimés jusqu'à se consumer d'amour pour eux ! et ces natures américaines un peu froides, émues de tant d'amour de la part d'un Dieu, semblaient lui répondre : Nous croyons à l'amour de Notre-Seigneur, et nous nous sentons attirés par les liens de sa charité.

Cette fête religieuse avait précédé de quelques jours une autre fête plus intime, mais non moins touchante. Le 15 janvier de la même année Monseigneur célébrait le vingt-cinquième anniversaire de son épiscopat. C'étaient ses noces d'argent. Il y avait un quart de siècle qu'à pareil jour il avait reçu la consécration épiscopale dans l'église de Vincennes, et cédant au vœu du clergé et des fidèles, il allait célébrer le vingt-cinquième anniversaire de cette fête. C'était comme le jubilé de son épiscopat. Cette heureuse nouvelle eut un grand retentissement d'une extrémité du diocèse à l'autre. Les prêtres accoururent de toutes parts, joyeux de pouvoir saluer de leurs vœux leur évêque bien-aimé. Les fidèles ne se montrèrent pas moins empressés que le clergé. Les dames de Vincennes voulurent lui offrir un généreux souvenir de leur gratitude et de leur dévouement ; elles meublèrent à leurs frais la chambre du prélat. Les corps de musique de la ville jouèrent devant la demeure épiscopale les plus beaux morceaux de leur répertoire. Les notables de Vincennes allèrent lui présenter leurs hommages et leurs souhaits ; ils organisèrent un grand banquet auquel furent invités tous les prêtres. On porta force toast, il y eut de la musique et des chants ; on récita des vers en l'honneur du prélat et la fête épiscopale devint la fête de la cité entière.

Une messe solonnelle avait réuni le matin les catholiques dans la cathédrale et des prières ferventes s'étaient échappées de tous les cœurs pour appeler les bénédictions du ciel sur un épiscopat qui avait été si fécond. « On m'a loué, on m'a chanté sur tous les tons, nous écrivait Monseigneur. Mais, ce qui est mieux, on a beaucoup prié pour moi. On m'a exprimé le vœu de célébrer ma cinquantaine. J'espère bien la célébrer ailleurs qu'à Vincennes. » J'étais attendu à cette fête, et le bon prélat me disait dans ses lettres : Soyez des nôtres et arrivez-nous au plus tôt. Pourquoi n'ai-je pas répondu à cet appel ? Je lui aurais porté les vœux de ses parents et de ses amis de France. Je me serais associé à la joie de ses prêtres, et je me serais senti bien heureux en le voyant si aimé et fêté avec tant d'élan.

## CHAPITRE XXIII.

### Mort et funérailles de Mgr de Saint-Palais.

Les armes de Mgr de Saint-Palais, qui étaient celles de sa famille, représentaient un cygne avec cette devise : *Albus inter albos*. Blanc entre les blancs. Cette devise convenait à cette belle couronne de cheveux qui ombrageait sa tête blanche comme le cygne, emblème de son âme plus blanche encore. Il avait blanchi dans ce laborieux ministère de près de quarante ans, sur une terre étrangère, et il allait faire entendre le chant du cygne et se taire ensuite pour toujours.

Mais quelle belle moisson il avait préparée dans ce vaste champ fécondé par ses sueurs? Il avait fondé une tribu lévitique qui comptait quatre-vingt prêtres séculiers et trente-neuf religieux desservant cent-cinquante églises, vingt chapelles et autant de stations visitées par des missionnaires non résidants. Il avait établi à l'abbaye Saint-Meinrad, sous la direction des Pères Bénédictins, un séminaire où quinze élèves, l'espoir du sanctuaire, étaient formés par leurs vénérés maîtres à la science et aux vertus sacerdotales.

La famille religieuse des sœurs de la Providence, objet de la sollicitude paternelle du prélat, se composait de deux cents professes, réparties dans trente-trois établissements, de soixante novices et de quarante-trois postulantes. Vingt mille enfants recevaient dans les écoles catholiques le bienfait de l'instruction. Les deux orphelinats qu'il avait créés lui avaient fait donner le nom de père des orphelins. Huit communautés de femmes et cinq d'hommes apportaient un utile concours au ministère du prêtre. Toutes ces œuvres diverses qu'avait fait éclore la charité du prélat étaient comme la floraison de son épiscopat. Il avait laissé partout où il était passé un parfum de grâce et de bonté qui lui avait gagné tous les cœurs. Il avait travaillé, selon le conseil de saint Paul, comme le bon soldat de Jésus-Christ, et il s'était montré, ainsi que le recommande le même apôtre, comme un ouvrier irrépréhensible.

Le fruit était déjà mûr ; le temps du repos était arrivé. Le Maître allait frapper à la porte à la première heure du jour, inopinément, silencieusement, comme dit l'Evangile. Le serviteur était prêt ; il avait combattu le bon combat, selon le langage des Livres saints, et sa main tenait le flambeau qui, ayant éclairé toutes ses voies, allait devenir pour lui, à la fin du jour, le flambeau des noces éternelles.

Nous touchons au moment suprême de ce cher et regretté ami, et notre main, tremblante d'émotion, hésite à retracer les angoisses de cette heure dernière.

Monseigneur, selon son usage, avait assisté à la distribution des prix du florissant pensionnat de Sainte-Marie-des-Bois, et sa présence avait été, comme toujours, la plus douce récompense des soins dévoués des maîtresses et de l'application des élèves. Cette fête qu'il aimait à présider et qui attirait tous les ans, avec les parents des pensionnaires, une nombreuse réunion de prêtres, était pour lui une vraie fête de famille. C'était le 27 juin 1877. Le lendemain, il était à cinq heures du matin dans le jardin récitant son office et se préparant à dire la sainte messe, lorsqu'on le vit tout-à-coup chanceler et s'affaisser sur lui-même. Aussitôt on s'empresse autour de lui, on le soulève avec effort et on reconnait qu'il vient d'être frappé d'une attaque d'apoplexie qui a paralysé la moitié de son corps et qui lui a enlevé l'usage de la parole. On le transporte dans sa chambre, et les prêtres consternés, tantôt à genoux et en prières au pied de son lit, tantôt debout et penchés sur lui avec émotion, l'entourent de leurs soins. Il avait conservé sa connaissance, et le mouvement de ses yeux indiquait qu'il avait conscience de son état. Son ancien ami, M. l'abbé Benoît, vicaire général de Fort-Wayne, l'exhorte à cette heure suprême et lui administre le sacrement des mourants. Le malade suivit les détails de cette pieuse cérémonie avec un esprit de foi et un recueillement qui se manifestait sur son visage. On remarqua que jusqu'à ce moment il avait paru inquiet et agité : il regardait avec anxiété les prêtres qui l'entouraient comme pour leur demander quelque chose qu'il ne pouvait exprimer. Mais après qu'il eut reçu le sacrement de l'Extrême-Onction, il parut calme et satisfait. Son dernier vœu venait d'être exaucé.

On lui donna le chapelet à gros grains de Notre-Dame-de-Lourdes, et il le soulevait d'une main défaillante pour montrer qu'il avait mis toute sa confiance en Marie. Quand on cessait de prier, il l'agitait de nouveau pour inviter ceux qui l'entouraient à ne pas discontinuer leurs prières. Ceux qui l'assistaient, les prêtres, les bonnes sœurs de la Providence, étaient là à son chevet, le cœur brisé, la poitrine haletante, mêlant leurs larmes à leurs prières. Le pieux pontife, qui avait toujours veillé sur son troupeau et qui avait fidèlement gardé le dépôt de la foi, touchait au terme de sa course. Jésus-Christ, dont il avait été le soldat dévoué, et la Sainte Vierge qu'il invoquait avec ce chapelet qu'il avait entre ses mains vinrent à sa rencontre et firent signe à la mort d'être douce à leur fils, et au milieu des dernières prières le prélat rendit son âme à Dieu. C'était vers quatre heures du soir. L'Eglise de Vincennes était veuve; les fidèles du diocèse étaient orphelins et nous perdions le meilleur des amis.

Le cher défunt fut revêtu par les soins des prêtres de ses habits pontificaux et exposé sur un lit funèbre, dans la chapelle du couvent. Jusqu'au jour des funérailles, la prière ne discontinua pas autour de sa dépouille.

Cependant la nouvelle de sa mort se répandit dans tout le diocèse avec une étonnante rapidité, et ce fut de toutes parts un concert unanime de regrets et de larmes. Son corps fut embaumé et transporté à l'orphelinat qu'il avait fondé dans le voisinage de sa ville épiscopale. Il était là sous la garde de cette chère famille qu'il avait tant aimée. Hélas! ces pauvres enfants comprenaient toute la grandeur de la perte qu'ils venaient de faire ; ils éclataient en sanglots devant le cercueil, car ils se sentaient deux fois orphelins.

Au jour fixé pour les funérailles, il y eut un immense concours de peuple. Des trains spéciaux arrivèrent d'Indianopolis, de Terre-Haute, d'Evansville et de Washington, et amenèrent des milliers de personnes. Il y eut cinq prélats : Mgr John B. Purcell, archevêque de Cincinnati ; Mgr Battes, évêque d'Alton ; Mgr Foley, évêque de Chicago ; Mgr Spalding, évêque de Peoria et Mgr Dœnger, évêque de Fort-Wayne. Plus de cent prêtres étaient accourus pour rendre les derniers devoirs à Mgr Maurice des Landes-d'Aussac de Saint-Palais, évêque de Vincennes.

La journée s'ouvrit de bonne heure par la prière : l'office des morts fut chanté par le clergé dans la chapelle de Sainte-Rose, dans cette charmante paroisse que le bon évêque m'avait autrefois proposée et dont j'aurais bien voulu, en ce jour, être curé pour conduire le deuil de ce cher ami et l'accompagner à sa demeure dernière.

Un journal de Vincennes a publié une relation très-détaillée des funérailles du vénéré prélat, et la longueur du récit qu'il lui a consacré nous fait connaître toute l'étendue des regrets causés par cette mort. Nous empruntons à cette feuille les principaux détails de cette touchante cérémonie.

Après l'office, la procession s'ébranla vers neuf heures et demie pour se rendre à la cathédrale. Le cercueil était déposé sur un char funèbre traîné par six chevaux et surmonté d'une grande croix de fleurs. A l'entrée de la ville, le maire, entouré d'un grand nombre d'habitants, reçut le corps du prélat et rendit, au nom de la cité, un dernier hommage à sa mémoire. Il se fit, dans un langage ému, l'interprête de la douleur publique et n'hésita pas à dire que, dans cet évêque si aimé, Vincennes venait de perdre le plus éminent de ses citoyens.

On remarquait dans les rangs de la procession la musique de Ringgold, de Terre-Haute, les Hiberniens de Terre-Haute, la Société de Saint-Joseph, la Société hibernoise d'Evansville, la Société des jeunes gens de Vincennes, la Société de Saint-Jean de Vincennes, la Société hibernoise de Vincennes, puis le clergé en habit de chœur et enfin les évêques. Les sœurs de la Providence, les jeunes filles de Sainte-Rose et les enfants de l'orphelinat se tenaient près du char.

Sur tout le parcours les magasins étaient fermés en signe de deuil et les maisons tentées en noir. A l'entrée de la cathédrale, le corps fut reçu par Mgr l'archevêque de Cincinnati.

Au centre de l'église s'élevait un magnifique catafalque surmonté des armes du prélat et entouré de soixante-six flambeaux représentant le nombre des années du prélat. C'est là que fut déposée la dépouille de l'évêque défunt.

La décoration de la cathédrale convenait parfaitement à la circonstance. Sur les tentures noires qui couvraient les murs se détachaient des guirlandes de fleurs blanches, emblêmes de la vie pure du pontife. Sur un arceau élevé à l'entrée du sanctuaire on lisait ces mots tracés avec des immortelles blanches : Notre Père. Ce mot était aussi sur toutes les lèvres, et chacun le redisait en pleurant. La douleur profonde des assistants disait assez que tous avaient perdu un père. Sur une grande bannière déployée au-dessus de l'autel, on lisait avec attendrissement cette autre inscription non moins touchante : Le Père des orphelins : *Un father of the fratheless.* Ces pauvres orphelins qu'on voyait en larmes dans l'enceinte étaient le commentaire éloquent de cette inscription.

A gauche du sanctuaire, le trône, que Monseigneur occupait les jours de fête, était recouvert d'une draperie funèbre, et une couronne de lis était suspendue au faîte du siège épiscopal. La mitre enveloppée d'un crêpe et entourée de lis était exposée sur le prie-dieu.

La messe de *Requiem* fut solennellement chantée par Mgr Purcell, archevêque de Cincinnati. Il fut assisté par le R. P. Benoît, l'ami de Mgr de Saint-Palais. Les fonctions de diacre furent remplies par le R. P. Bessonnier, celles de sous-diacre par le R. P. Guegen, qui avait été pendant trente-sept ans le collaborateur de son évêque. L'orgue accompagnait le plain-chant de ses sons lugubres.

La messe terminée, Mgr Doenger, évêque de Fort-Wayne monta en chaire et prononça l'oraison funèbre de son regretté collègue. Il fut très-émouvant et plus d'une fois les pleurs coulèrent. Après avoir fait connaître le zèle et le dévouement du missionnaire dans les diverses paroisses qu'il avait évangélisées, il montra la sollicitude paternelle de l'évêque pour ses prêtres et pour son peuple. Lorsqu'il parla de la charité et de la tendresse du prélat pour sa famille de prédilection, les pauvres orphelins, et qu'il le présenta comme le père de ceux qui n'avaient plus de père, l'émotion gagna tous les cœurs; les yeux se remplirent de larmes et les sanglots éclatèrent dans l'auditoire attendri ! Ces regrets, cette douleur, ces larmes versées, c'était la plus éloquente oraison funèbre du noble défunt.

Lorsque l'orateur sacré fut descendu de chaire, les absoutes commencèrent. Il y en eut cinq comme le prescrit la liturgie pour les obsèques des évêques. Chaque pontife alla à son tour jeter l'eau bénite sur la dépouille de Monseigneur et l'encensa. Le métropolitain de Cincinnati fit la dernière absoute.

Après que ce solennel souhait de paix : *Requiescat in pace*, eut retenti sous les voûtes de la cathédrale, le corps fut porté dans le sanctuaire et déposé dans la crypte funéraire creusée sous le maître-autel pour servir à la sépulture des évêques. Il fut placé à côté de ses deux saints prédécesseurs, Mgr Bruté et Mgr Bazin.

Qu'il repose en paix ce bon et cher ami, sur cette terre lointaine, théâtre de son apostolat, sous la garde et l'amour de ses prêtres qui lui étaient si dévoués, de ce peuple dont il était le père, dans cette cathédrale où il avait si souvent prié et béni son troupeau, à côté de Mgr Bruté qui l'avait enlevé à la France pour le donner à Vincennes et de Mgr Bazin dont il avait été le grand-vicaire et l'ami !

Nous aimons à lui adresser de son pays natal où nous écrivons ces dernières lignes, en ayant sous les yeux les lieux qu'il a si souvent parcourus dans ses jeunes années, ces paroles de nos Livres Saints qui sont comme notre adieu suprême : Que sa mémoire soit entourée de bénédictions et d'honneur, et que ses ossements visités par la prière de tant d'orphelins qu'il a recueillis, réchauffés par la charité de ses prêtres et de son peuple, germent et fleurissent dans le lieu où ils reposent. *Sit memoria illorum in benedictione, et ossa eorum pullulent de loco suo* (1).

De la tombe où repose ce compatriote bien aimé, nos regards se portent avec une respectueuse sympathie sur celui que la Providence a appelé à recueillir son héritage, Mgr Chatard. C'est un sang français qui circule dans ses veines : c'est le petit-fils du docteur qui prit en 1788 ses grades à la Faculté de médecine de Montpellier :

(1) Ecclesi. — XLVI, v 14.

c'est celui dont Monseigneur de Saint-Palais avait béni l'adolescence à Baltimore : c'est celui dont il avait été l'hôte au collège américain, à Rome, pendant le Concile, et qui, élevé sur le siège de Vincennes, a payé un tribut de regrets et de louanges à la mémoire de son éminent prédécesseur qu'il a montré illustre par sa naissance, bien plus illustre par sa vertu : *prosapia nobilis, virtute nobilior.*

Il m'a été donné de le saluer à Rome, au collège américain, après sa préconisation, et dans les salles du Vatican, le jour même où son illustre compatriote, le cardinal Mack Clostkey, archevêque de New-York, recevait des mains augustes de Léon XIII le chapeau de cardinal, et maintenant, après avoir lu la belle lettre pastorale latine qu'il a adressée à son clergé et à son peuple, j'ose lui envoyer de loin l'honorable témoignage de la joie que j'éprouve de voir sur le siège de Vincennes, occupé jusqu'ici par quatre évêques français, une âme française comme celle de Mgr de Saint-Palais, et un cœur généreux et dévoué comme le sien, qui saura agrandir l'héritage glorieux qui vient de lui être confié.

# TABLE DES CHAPITRES


| | Pages. |
|---|---|
| AVANT-PROPOS | 3 |
| CHAPITRE Ier. — Premières années de l'abbé de Saint-Palais. — Son séjour au séminaire de Saint-Sulpice. | 5 |
| CHAPITRE II. — Départ de l'abbé de Saint-Palais pour les États-Unis. — Traversée et arrivée à Vincennes. | 11 |
| CHAPITRE III. — Origine de la ville de Vincennes. — Vie épiscopale de Mgr Bruté. — L'abbé Maurice de Saint-Palais, missionnaire à Sainte-Marie | 16 |
| CHAPITRE IV. — L'abbé Benjamin Petit, missionnaire, chez les sauvages | 21 |
| CHAPITRE V. — Mort de Mgr Bruté. — Épiscopat de Mgr de la Hailondière | 28 |
| CHAPITRE VI. — L'abbé Maurice de Saint-Palais, curé de Chicago et ensuite de Logansport | 31 |
| CHAPITRE VII.—L'abbé de Saint-Palais, curé de Madison. | 36 |
| CHAPITRE VIII. — Démission de Mgr de la Hailondière. — Nomination de Mgr Bazin et sa mort | 42 |
| CHAPITRE IX. — Consécration de Mgr de Saint-Palais. Etat du diocèse de Vincennes | 48 |
| CHAPITRE X. — Situation religieuse des catholiques aux États-Unis. — Les premiers missionnaires de Vincennes | 54 |
| CHAPITRE XI.— Visite pastorale de Mgr de Saint-Palais. | 62 |
| CHAPITRE XII. — Concile de Baltimore | 66 |
| CHAPITRE XIII. — Voyage de Mgr de Saint-Palais en France, en 1845 et en 1851 | 71 |
| CHAPITRE XIV. — Voyage de Mgr de Saint-Palais dans l'intérieur de la France | 77 |
| CHAPITRE XV. — Sainte-Marie-des-Bois | 83 |

Pages

CHAPITRE XVI. — Les Congrégations religieuses dans l'Indiana. — Les Eudistes. — Les Prêtres de Sainte-Croix. — Les Bénédictins. — Les Orphelinats de Vincennes. — Le premier Concile provincial de Cincinnati .......................................... 89

CHAPITRE XVII. — Troisième voyage de Mgr de Saint-Palais en France. — Séjour à Nimes. — Arrivée à Rome. — Visite à sa Sainteté Pie IX. — Mgr Bessieu, vicaire apostolique des Deux-Guinées ............ 95

CHAPITRE XVIII. — Rentrée de Mgr de Saint-Palais à Vincennes. — Guerre de sécession dans les États-Unis de l'Amérique du Nord. — Dévouement des aumôniers catholiques et des sœurs pendant la guerre 102

CHAPITRE XIX. — Concile du Vatican. — Mgr de Saint-Palais à Rome. — Son retour en France. — Arrivée à Cette.......................................... 109

CHAPITRE XX. — Séjour à Peyrins et à Bonneval. — Bénédiction d'une croix à Fraïsse.............. 116

CHAPITRE XXI. — Visite de Mgr de Saint-Palais à Castres et à Lavaur. — Son départ pour l'Amérique. 121

CHAPITRE XXII. — Maladie de Mgr de Saint-Palais. — Il consacra son diocèse au Sacré-Cœur. — Jubilé de son épiscopat.......................................... 126

CHAPITRE XXIII. — Mort et funérailles de Mgr de Saint-Palais.......................................... 132

Nimes. — Imprimerie Edouard BALDY, boulevard des Calquières, 10.

www.ingramcontent.com/pod-product-compliance
Ingram Content Group UK Ltd.
Pitfield, Milton Keynes, MK11 3LW, UK
UKHW022109190726
13855UKWH00002B/746

9 782013 072038